Nouvel Invitation

JUNIOR CERTIFICATE FRENCH

PHILIPPE HAMEL

MENTOR
BOOKS

Published in 2001 by

MENTOR BOOKS
43 Furze Road
Sandyford Industrial Estate
Dublin 18
Tel: 01–2952 112 / 3
Fax: 01–2952 114

Website: www.mentorbooks.ie
e-mail: admin@mentorbooks.ie

Edited by: Claire Haugh
Design and Layout by: Nicola Sedgwick
Kathryn McKinney

Illustrations
Nicola Sedgwick

ISBN: 1-84210-075-0

© Philippe Hamel 2001

Printed in Ireland by ColourBooks Ltd.

1 3 5 7 9 10 8 6 4 2

Acknowledgements
The author would like to thank M. Yves Lefebvre for kind permission to
reproduce pictures from his private collection.
The publishers wish to thank the following newspapers and magazines for
kind permission to reproduce copyright material.
*Le Havre Libre – Le Courrier Cauchois – Paris, Normandie –
Femme Actuelle – Maxi – Voici – Sports Magazine – Télé 7 Jours*
Draft banknote design © European Monetary Institute, 1997 /
European Central Bank, 1998

Contents

Unité 1

J'ai les yeux bleus

Dans les caricatures, on représente souvent le Français typique sur une vieille bicyclette noire. Il porte une baguette dans un panier derrière lui. Le Français des caricatures a une petite moustache brune. Il porte un béret, un T-shirt à rayures bleues et blanches, il a aussi un pantalon bleu-marine. Il porte des oignons ou de l'ail en collier autour du cou. Bien sûr, ce portrait ne représente pas la réalité. Il y a des Français de toutes les tailles, toutes les formes, toutes les couleurs. Le 'Français typique' des caricatures n'existe pas.

souvent – *often*
une rayure – *a stripe*
autour du cou – *around the neck*
la taille – *the size*

In this chapter you will learn how to:

– describe yourself
– say your height and weight
– talk about your character
– describe your best friend
– look for a new pen-pal
– write your first letter to your new pen-pal.

In the grammar section, you will learn about:

– the difference between SAVOIR and CONNAITRE

You will also revise:

– the irregular verbs AVOIR and ETRE
– the gender of adjectives
– the negation NE . . . PAS.

Écoutez et Répétez

1
— Michel, tu as les yeux verts?
— Non, j'ai les yeux bleus.

2

— Moi, j'ai les yeux bruns et les cheveux châtains. Et toi, Claudine?
— J'ai les yeux noisette et les cheveux blonds.

3
— De quelle couleur sont tes yeux?
— Moi, j'ai les yeux gris.

4

— Catherine, de quelle couleur sont tes cheveux?
— J'ai les cheveux châtains.
— Tu as les cheveux longs?
— Non, j'ai les cheveux courts.

5
— Est-ce que tu as les cheveux lisses, Sophie?
— Non, j'ai les cheveux frisés.
— Et toi, Véronique ?
— J'ai les cheveux bouclés.

6

— Tu portes des tresses, Nicole?
— Oui, je porte deux tresses blondes.

7
— Lucie, tu portes une queue de cheval?
— De temps en temps, je porte une queue de cheval. D'autres fois, je porte un chignon.

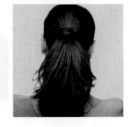

8

– François, tu portes les cheveux en brosse?
– Non, mais je porte les cheveux très courts.
  C'est la mode cette année pour les garçons.

9

– Tu portes des lunettes, Patrick?
– Non, je ne porte pas de lunettes.
  Mes yeux sont excellents.

10

– Madame Valois, est-ce que vous portez
  des lunettes?
– Oui, je porte des lunettes pour lire.

11

– Est-ce que tu ressembles à ton père,
  Stéphanie?
– Pas beaucoup. Je crois que j'ai les yeux
  et les cheveux de ma mère. Je ressemble
  beaucoup à ma mère.

12

– Combien est-ce que tu mesures, Rémy?
– Je mesure un mètre soixante-dix.
– Combien est-ce que tu pèses?
– Je pèse soixante-trois kilos. Je suis
  grand et mince.

13

– Combien est-ce que vous mesurez, Monsieur
  Dampierre?
– Je mesure seulement un mètre cinquante-neuf.
– Combien est-ce que vous pesez?
– Je pèse soixante-treize kilos. Je suis petit et
  assez gros.

APPRENEZ L'ESSENTIEL

- De quelle couleur sont tes yeux?
- J'ai les yeux bleus / verts / gris / noisette.

- De quelle couleur sont tes cheveux?
- J'ai les cheveux blonds / châtains / noirs / roux / gris / blancs.

- J'ai les cheveux courts / longs / frisés / bouclés / en liberté.

- Je porte une queue de cheval / une tresse / un chignon / les cheveux en brosse.

- Je porte une barbe.

- Je suis mince: je mesure 1,75 m et je pèse 60 kg.
- Je suis gros: je mesure 1,60 m et je pèse 80 kg.

Ecoutez et Ecrivez

WRITE EACH PERSON'S NAME UNDER THE MATCHING PHOTO

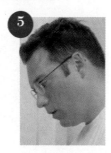

ECOUTEZ

Bonjour. Je m'appelle . . .

	Fabrice	**Marielle**
Nom:		
Prénom:	....	....
Date d'anniversaire:	....	....
Age:	....	....
Couleur d'yeux:	....	....
Couleur de cheveux:	....	....
Style de cheveux:	....	....
Taille (mètre):	....	....
Poids (kilos):	....	....
Sports:	....	....
Passe-temps:	....	....

Ecoutez et Lisez

1 Bonjour. Je m'appelle Michel Donadieu et je suis Canadien. Je suis né à Trois-Pierres, un petit village au nord de Montréal. J'ai 22 ans et mon anniversaire est le premier novembre. J'ai les cheveux noirs et courts. J'ai les yeux bruns. Je suis très sportif, grand et musclé: je joue au football américain à l'université. Je m'intéresse aussi à la musique classique. Quand j'ai le temps, je joue du piano pour m'amuser. Comme pianiste, je ne suis pas fantastique.

Michel

(1) Où est-ce que Michel est né?
2 Où est situé son village natal?
(3) De quelle couleur sont ses yeux?
4 Quel est son sport favori?
(5) What does Michel think of his piano playing?

9

2

Stephanie

Salut ! Moi, je m'appelle Stéphanie Meyrol et j'ai dix-huit ans. Mon anniversaire est le deux mars. Je suis française. Je suis née à Bordeaux. J'habite à Pessac dans la banlieue de Bordeaux. J'ai les yeux bleus et les cheveux blonds et longs. En général, je porte une queue de cheval, mais de temps en temps, j'aime bien porter une longue tresse. J'adore les cheveux longs. Je ne suis pas très sportive, mais je suis mince et élégante. Je fais un peu de danse moderne pour rester en forme.

1 Où est-ce que Stéphanie est née?
2 Où est-ce qu'elle habite maintenant?
3 Quel style de cheveux est-ce qu'elle préfère?
4 Quelle activité physique est-ce qu'elle fait?

Ecrivez

Write in the correct form of the verbs AVOIR or ETRE.

1 Dans ma famille, nous _____ les yeux verts.

2 Michel _____ les cheveux châtains.

3 Est-ce que tu _____ sportive, Suzanne?

4 Nous _____ les frères de Sophie.

5 Je _____ membre d'un club de golf.

6 Mes soeurs _____ des tresses blondes.

7 Est-ce que vous _____ un problème?

8 Vous n'_____ pas artistique, Mme Lambert?

9 Pierre et Daniel _____ les fils de M. Gilbert.

10 Je n'_____ pas de chat chez moi.

11 Nous _____ un gros chien à la maison.

12 Les cheveux de ma grand-mère _____ gris.

Ecrivez

Write 3 or 4 sentences to describe each of these people.

— LA GRAMMAIRE —

Le genre des adjectifs

In your first book *Invitation au Français* you will have learned pairs of adjectives like the following:

Masculine	Feminine
grand	grande
petit	petite
joli	jolie
blanc	blanche
sportif	sportive
généreux	généreuse

The general rule for passing from a masculine to a feminine adjective is to add an -e to the masculine form. Irregular adjectives have to be learned separately. This rule applies only when you write.

What happens when you speak? When you speak, instead of starting with the masculine form, you must start with the feminine and you do not pronounce the last consonant. Read the following with your teacher.

Feminine	Masculine
grande	grand
petite	petit
élégante	élégant
paresseuse	paresseux
blanche	blanc
grosse	gros

This speaking rule covers far more adjectives than the writing rule. Fewer exceptions have to be learned separately.

Exceptions

Old	vieux	masculine noun beginning with a consonant
	vieil	masculine noun beginning with a vowel or a 'h'
	vieille	any feminine noun
Beautiful	beau	masculine noun beginning with a consonant
	bel	masculine noun beginning with a vowel or a 'h'
	belle	feminine noun
New	nouveau	masculine noun beginning with a consonant
	nouvel	masculine noun beginning with a vowel or a 'h'
	nouvelle	feminine noun

Ecrivez

Write the adjective in its correct form.

1. (old) Au zoo, il y a un _____ éléphant de mer.
2. (new) Ta _____ robe est très jolie.
3. (beautiful) Sophie a acheté un _____ manteau.
4. (new) Le _____ ami de Daniel s'appelle Bruno.
5. (beautiful) J'ai fait une _____ photo de la montagne.
6. (old) La voiture de mon père est _____
7. (new) Hier, j'ai acheté un _____ vélo.
8. (beautiful) Tu as un _____ anorak, Michel!
9. (old) Mon grand-père n'est pas _____ :
   il a seulement 55 ans.

 **Ecrivez**

Change the sentence from the feminine to
the masculine.

Example: – Ma soeur est petite et grosse.
– *Mon frère est petit et gros.*

1 Ma mère est élégante. _____

2 Ma grand-mère est généreuse. _____

3 Ma cousine est paresseuse. _____

4 Ma tante est sportive. _____

5 Ma petite soeur est intelligente. _____

6 Ta correspondante est française. _____

7 Ta copine est irlandaise. _____

8 L'amie de Paul est américaine. _____

9 La chienne de Michel est blanche. _____

10 La chatte de Suzanne est noire. _____

11. Ma copine est très sérieuse. _____

DIALOGUE

**You are on the phone speaking to a new friend you have never
met before. Try to discover more about him/her using the
following guidelines.**

– Ask your friend if he/she is tall or small.
– He/she tells you the truth.
– You would like to know if your friend is slim.
– He/she tells you that he/she is fairly slim.
– You would like to know the colour of his/her hair.
– He/she answers.
– Ask your friend if his/her hair is long.
– He/she tells you the truth.
– You ask the colour of your friend's eyes.
– He/she tells you the colour of his/her eyes.

Ecrivez

Vous vous présentez dans un paragraphe de 5 ou 6 lignes.

- votre nom de famille et votre prénom.
- votre ville/village de résidence.
- votre âge et votre anniversaire.
- votre lieu de naissance.
- votre description physique (yeux, cheveux, taille, poids).
- vos passe-temps favoris (sport, musique, collection).
- ce que vous aimez / ce que vous détestez.

Ecoutez et Répétez

MON MEILLEUR COPAIN

- François, tu connais Patrick Deschamps?
- Oui, je connais bien Patrick. Il est mon meilleur copain.
- Où est-ce que tu as rencontré Patrick?
- J'ai rencontré Patrick au collège, il y a deux ans.
- Pourquoi est-ce qu'il est ton meilleur copain ?
- Parce qu'il est sympa et généreux. Il a un bon sens de l'humour. Il aime rigoler et s'amuser. Comme moi, il est sportif et il s'intéresse à la musique. Nous jouons ensemble dans un petit groupe de musique pop.

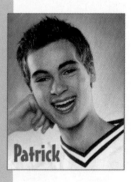

Patrick

MA MEILLEURE COPINE

Claudine

- Mélanie, tu connais Claudine Martinez?
- Oui, je connais bien Claudine. C'est ma meilleure copine.
- Où est-ce que tu as rencontré Claudine?
- J'ai rencontré Claudine au cours de ballet, il y a six mois.
- Pourquoi est-ce qu'elle est ta meilleure copine?
- Parce qu'elle est charmante et intelligente. Elle est toujours de bonne humeur. Elle et moi, nous sortons souvent ensemble. Elle vient chez moi, et moi, je vais souvent chez elle.

APPRENEZ L'ESSENTIEL

– Mon meilleur ami / copain s'appelle Michel.
– J'ai rencontré Michel au collège / au lycée / au club de jeunes.
– J'ai rencontré Michel il y a un an / six mois / longtemps.
– Il est sympa / généreux / intelligent / gentil.

– Catherine est ma meilleure copine / amie.
– Elle est sympa / généreuse / intelligente / gentille.

– Il / elle aime rigoler / s'amuser.
– Je vais chez lui / elle.
– Il / elle vient chez moi.

Il est très sportif.
Elle est très sportive

ECOUTEZ

Mon meilleur ami.

Nom: Valois
Prénom: _____
Age: _____
Anniversaire: _____
Né à: _____
Yeux: _____
Cheveux: _____
Taille: _____
Poids: _____
Qualités: _____
Rencontré à: _____
Rencontré quand: _____
Activités ensemble: _____

LA GRAMMAIRE

Deux verbes irréguliers: SAVOIR et CONNAITRE

Both verbs mean 'to know' but there is a slight difference in meaning.

SAVOIR means to know a lesson, a poem or a fact because you have learnt it and are sure of it.

- Je sais ma leçon d'histoire.
- Est-ce que tu sais le sonnet de Shakespeare?
- Le professeur sait que j'habite près du collège.

CONNAITRE means that you are acquainted with a person or a place.

- Je connais la copine de Valérie.
- Est-ce que tu connais Paris?
- Le directeur du collège connaît mes parents.

SAVOIR	CONNAITRE
Je sais	Je connais
Tu sais	Tu connais
Il/elle sait	Il/elle connaît
Nous savons	Nous connaissons
Vous savez	Vous connaissez
Ils/elles savent	Ils/elles connaissent

Ecrivez

Write in the correct form of SAVOIR or CONNAITRE.

1 Est-ce que tu _____ ta leçon?

2 Je ne _____ pas ta meilleure copine.

3 Nous _____ que M. Perraud est électricien.

4 Est-ce que vous _____ la ville de Bordeaux?

5 Mon chien _____ tous les enfants de notre rue.

6 Je ne _____ pas quelle heure il est.

7 Joseph _____ un long poème.

8 Je _____ bien ta soeur Lucie.

9 Mes parents _____ tous mes profs.

10 Est-ce que tu _____ où Jacques travaille?

SÉBASTIEN écrit sa première lettre à son nouveau correspondant irlandais.

Carcassonne, le 23 novembre

Cher Darren

Mon professeur de français m'a donné ton adresse. Je voudrais correspondre avec toi. J'ai 15 ans et j'habite à Carcassonne, une grande ville touristique et pittoresque dans le sud-ouest de la France. J'habite une grande maison moderne dans le centre de la nouvelle ville. Mes parents sont propriétaires d'un magasin de vêtements. J'ai une soeur, mais je n'ai pas de frère. Nous avons un chien qui s'appelle Scoubidou.

J'ai les cheveux châtains clairs et les yeux gris. Je suis assez grand et mince. J'aime rigoler et j'ai un bon sens de l'humour.

Je fais beaucoup de sport. Je joue au basket dans l'équipe de mon collège, je fais du cyclisme pendant les vacances d'été. L'hiver, j'adore faire du ski: les Pyrénées ne sont pas loin de Carcassonne.

A l'école, mes matières favorites sont les maths et l'anglais. Je ne suis pas fort en français: je ne m'intéresse pas à la littérature. Je préfère lire des magazines sur les sports et la musique pop.

Est-ce que tu voudrais devenir mon correspondant?

Ecris-moi vite.

Amitiés,

Sébastien.

Répondez

1. How did Sébastien get Darren's address?

2. Where, precisely, does Sébastien live?

3. What do Sébastien's parents do for a living?

4. How does Sébastien describe his personality?

5. How does he explain his love for skiing?

6. What does he enjoy reading?

Ecrivez

Use Sébastien's letter as a model to write to your new pen-pal Jacques/Jacqueline.

Introduce yourself (age, birthday, family, appearance, personality).
Tell your pen-pal:
– where you live.
– which sports you play.
– all your hobbies.
– what you like and dislike at school.

DÉCOUVERTE

Le Mardi Gras

Caroline

EN IRLANDE, le 31 octobre, il y a la tradition de Halloween. En France, cette tradition n'existe pas. Mais nous avons le Mardi Gras: c'est 41 jours avant Pâques, et ça ressemble beaucoup à Halloween. Les enfants se déguisent. Ils vont de maison en maison pour demander des bonbons, des fruits et de l'argent. Au dîner, toute la famille mange des crêpes avec du chocolat, de la confiture ou du miel.

Voici Caroline. Elle se prépare pour le Mardi Gras. Elle se déguise en sorcière parce que ce soir, elle va sortir avec ses copains. Elle a acheté un horrible masque avec un long nez pointu. Elle porte aussi un long manteau noir et un grand chapeau noir. Son frère Denis a décidé de se déguiser en chef indien. Il porte un beau chapeau à plumes, et il se maquille avec de la peinture rouge et bleue. Sylvie, la copine de Caroline, se déguise en fantôme: elle met un long drap blanc, et elle a aussi une chaîne à la main.

Le soir, Caroline, Sylvie et Denis sortent avec leurs copains. Dans chaque maison, ils reçoivent des bonbons et des chocolats. Ils mettent tout dans un petit sac, puis retournent à la maison pour partager leurs cadeaux.

Répondez

avant – *before*	
une sorcière – *a witch*	
un chef – *a chief*	
un drap – *a sheet*	

1. When does Mardi Gras take place?
2. What does Caroline do to look like a witch?
3. What does Denis do to his face?
4. What do the children do in the evening?
5. What do they do back home?

ON S'AMUSE

Complete the sentences to discover a new word.

1 Mon ☐ _ _ _ _ _ _ ami s'appelle Ludovic.

2 Je ne porte pas les cheveux longs. J'ai les cheveux _ ☐ _ _ _ _.

3 Moi, j'ai les _ _ ☐ _ noisette.

4 J'ai les cheveux longs. De temps en temps je porte une _ _ _ ☐ _ _.

5 Aujourd'hui Pierre ne _ _ _ ☐ pas sa leçon d'histoire.

6 Les enfants se déguisent le jour du _ ☐ _ _ _ Gras.

7 J'ai _ _ _ ☐ _ _ _ _ ma petite amie à la disco.

8 Ma grand-mère a les _ ☐ _ _ _ _ _ gris.

9 Je voudrais _ _ _ _ ☐ _ _ _ _ _ _ _ avec une jeune fille francophone.

10 Pour le Mardi Gras, mon petit frère se _ _ _ _ _ ☐ _ en vampire.

Ce monsieur porte de belles _ _ _ _ _ _ _ _ _.

1	
2	
3	
4	
5	
6	
7	
8	
9	
10	

19

Unité 2

Je suis en bonne santé

Comme tous les Européens, les Français parlent beaucoup du temps: c'est un sujet de conversation favori. Les Français parlent aussi beaucoup de leur santé. Selon les statistiques, 80% des Français se déclarent heureux. Et comme la première condition pour être heureux est d'être en bonne santé, on peut conclure que la santé des Français est excellente.

A l'heure de l'apéritif, quand ils trinquent, ils souhaitent une bonne santé à leurs amis. Ils disent: 'Bonne Santé' ou 'Chin-chin'. Le premier janvier, quand ils rencontrent leur famille ou leurs amis, ils leur souhaitent encore 'Bonne Année – Bonne Santé!'

souvent – *often*
selon – *according to*
heureux – *happy*
conclure – *to conclude*
l'apéritif – *a drink before dinner*
trinquer – *to celebrate with a drink*
souhaiter – *to wish*

In this chapter you will learn how to:

– express how you are feeling
– say what you are suffering from
– list the parts of the human body
– express cause and consequence
– make a medical and a dental appointment.

In the grammar section, you will learn:

– how to say 'I am well'
– the quantifier 'TOUT'

You will also revise:

– the preposition 'à'
– the passé composé of regular verbs.

Écoutez et Répétez

1

— Bonjour, Michelle. Comment vas-tu, ce matin?
— Bonjour, Madame Martin. Je vais très bien, merci. Et vous? Comment allez-vous?
— Je vais bien, merci.

2

— Comment vont tes parents?
— Ils vont bien tous les deux. Et toi, Chantal, comment va ta famille?
— Tout le monde va bien. Sauf mon petit fils Bruno: il ne va pas bien. Il est malade.

sauf – *except*

3

— Est-ce que tu as de l'Aspirine, s'il te plaît?
— Tiens, Danielle. Voilà un cachet d'aspirine. Tu ne vas pas bien?
— J'ai mal à la tête.
— Pauvre Danielle!

4

— Pourquoi est-ce que tu ne parles pas, Maurice?
— J'ai mal à la gorge.
— Qu'est-ce que tu as fait?
— J'ai regardé le match de football à l'école et j'ai supporté mon équipe. J'ai crié trop fort. Maintenant, j'ai mal à la gorge.

5

- Oh, j'ai mal!
- Où est-ce que tu as mal?
- J'ai mal aux dents.
- Qu'est-ce que tu as fait pour avoir mal aux dents?
- J'ai mangé un caramel.
- Va chez le dentiste.

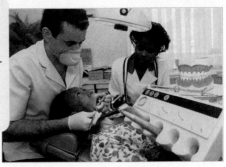

6

- Oh, mon dos!
- Qu'est-ce qu'il a, ton dos?
- J'ai mal au dos.
- Pourquoi est-ce que tu as mal au dos?
- J'ai porté un gros sac.

7

- Oh, j'ai mal à l'estomac.
- Qu'est-ce que tu as mangé?
- J'ai mangé trop de fruits de mer.

8

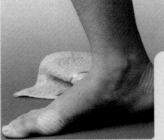

- Pourquoi est-ce que tu pleures, Dominique?
- J'ai mal aux pieds.
- Pourquoi est-ce que tu as mal aux pieds?
- Hier, j'ai acheté des chaussures neuves. Elles sont trop petites.

APPRENEZ L'ESSENTIEL

– Comment vas-tu?   – Je vais bien, merci.
– Comment allez-vous?   – Nous allons bien.

– Ma famille va bien.
– Tout le monde va bien.
– Mes parents vont bien.

– Où est-ce que tu as mal?
– J'ai mal à la tête / à la gorge / au dos / au pied gauche /
   à l'estomac / aux pieds / aux dents.

– Pourquoi est-ce que tu as mal?
– J'ai mal   à la gorge   parce que   j'ai crié trop fort.
              au dos   j'ai travaillé dans le jardin.
              à l'estomac   j'ai mangé trop de bonbons
              aux pieds   j'ai acheté des chaussures
                                            trop petites.

LA GRAMMAIRE

In French we ask 'Comment vas-tu?' or 'Comment allez-vous?'
This question and its answer are actually based on the irregular verb 'ALLER'.
You answer 'Je vais bien.'

Ecrivez

Complete the following sentences.

1 Ma mère ne _____ pas bien.

2 Mes parents _____ très bien.

3 Est-ce que tu _____ mal?

4 Nous _____ assez bien, merci.

5 Tout le monde _____ bien chez moi.

6 Mon frère et ma soeur ne _____ pas bien en ce moment.

7 Comment _____ ta petite amie?

8 Je ne _____ pas bien aujourd'hui.

9 Ma petite soeur ne _____ pas très bien.

23

LISEZ

La tête

les yeux (un oeil)

le nez

la bouche

le menton

la gorge

les cheveux

les oreilles

les dents

la langue

le cou

Le coeur fait partie de la poitrine.

L'estomac fait partie du ventre.

L'épaule, le coude et le poignet font partie du bras.

la tête

la poitrine et le coeur

le bras

le ventre et l'estomac

la jambe

le pied

Le bras

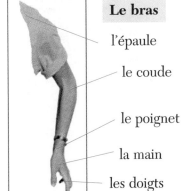

l'épaule

le coude

le poignet

la main

les doigts

La jambe

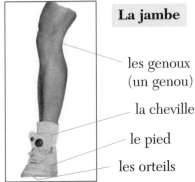

les genoux (un genou)

la cheville

le pied

les orteils

24

ECOUTEZ

Où est-ce que tu as mal? Pourquoi est-ce que tu as mal?

	Suffering from	Reason
Patrick	....	....
Isabelle	....	....
Florence	....	....
Charles	....	....
Albert	....	....

Ecrivez

Où est-ce qu'ils ont mal? Write a short sentence.

1 Catherine _____

2   Moi, j' _____

3) Est-ce que tu _____?

4   Sophie _____

25

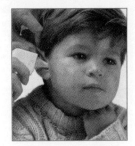

(5) Le petit Denis _____

6   Albert _____

(7) Vous _____,
Madame Maille?

8   Tu _____, Alice?

(9) Vous _____,
Madame Talbot?

8   Je _____.

26

Ecoutez et Ecrivez

1 **FRANÇOIS A LA GRIPPE**
As you listen to the tape, complete the text with the following words.

froid – copain – retourner – gorge – docteur – malade

François Chapel, c'est mon meilleur _____. Aujourd'hui, il ne vient pas à l'école parce qu'il est _____. Il doit rester au lit. Il a mal à la tête et à la _____. Il a aussi de la fièvre. De temps en temps, il a très chaud, puis cinq minutes après, il a très _____ et il tremble de la tête aux pieds. Sa mère a appelé le _____, et il a examiné François. Ce n'est pas grave: c'est seulement la grippe. Je crois que François va _____ à l'école dans deux ou trois jours.

Jacques.

1. How did Jacques know that his friend was ill?
2. What are François's symptoms?
3. When will he go back to school?

Lisez la note que la mère de François écrit à son professeur.

lundi matin

Cher Monsieur Tissier,
Je garde François à la maison aujourd'hui parce qu'il ne va pas bien. Il a de la fièvre, mal à la tête et à la gorge. J'ai appelé notre médecin familial. François a une forte grippe: ce n'est pas très grave, mais il doit rester deux ou trois jours au lit. Il retournera à l'école jeudi.
          Sincères salutations.

Josette Chapel.

garder – *to keep*
fort-e – *strong*

27

2 CLAUDINE A L'APPENDICITE
As you listen to the tape, complete the text with the following words.

> ambulance – ventre – l'hôpital – examine – manger – soir

Claudine Lagrange a très mal au _____ quand elle rentre du collège. Elle pleure et elle ne peut pas _____. Elle explique la situation à sa mère qui téléphone au docteur. Il arrive assez vite et _____ Claudine. Résultat: elle a l'appendicite. Le docteur appelle une _____ qui transporte Claudine à _____ où elle passe une radio. La maladie est confirmée: c'est bien l'appendicite. Ce _____, Claudine va rester à l'hôpital. Le chirurgien va opérer Claudine demain après-midi.

> expliquer – *to explain*
> passer une radio – *to get an X-ray*
> un chirurgien – *a surgeon*

1. Why is Claudine crying?
2. What does the doctor do after examining Claudine?
3. What happens when Claudine arrives at the hospital?
4. When will the operation take place?

Lisez la note que le père de Claudine écrit à sa directrice.

jeudi matin.

Chère Madame Mercier,

Ma fille Claudine a l'appendicite. En ce moment, elle est à l'hôpital. Le chirurgien va opérer Claudine cet après-midi. Elle doit rester au moins quatre jours à l'hôpital et deux ou trois jours à la maison. Je crois qu'elle retournera à l'école la semaine prochaine. Sa copine Valérie apportera les devoirs et les leçons de Claudine à la maison.

Respectueuses salutations.

Edouard Lagrange.

> au moins – at least

Écoutez et Lisez

CHEZ LE MÉDECIN

- Allô, le cabinet du Docteur Beaudouin. Je vous écoute.
- Je voudrais prendre un rendez-vous aujourd'hui, s'il vous plaît.
- C'est possible. Pouvez-vous venir cet après-midi à 3 heures?
- A 3 heures? Oui, d'accord.
- Oui, c'est à quel nom?
- Je m'appelle Christine Clément.

CHEZ LE DENTISTE

- Allô, cabinet dentaire Chauvin. Vous désirez?
- Je voudrais prendre un rendez-vous, s'il vous plaît.
- Oui, Monsieur. C'est à quel nom?
- Je m'appelle Patrick Moreau.
- C'est pour une consultation de routine?
- Non, j'ai mal. C'est urgent.
- Pouvez-vous venir ce soir à 7 heures?
- Oui, je peux venir ce soir.

CHEZ LE COIFFEUR

- Allô, Salon Vénus. Vous désirez?
- Je voudrais prendre un rendez-vous pour une coupe de cheveux, s'il vous plaît.
- Bien sûr. Pouvez-vous venir demain?
- Oui. A quelle heure?
- Dans l'après-midi, vers 3 heures, ça va?
- Oui, d'accord. Je m'appelle Suzanne Giraud.

APPRENEZ L'ESSENTIEL

- – Je voudrais prendre un rendez-vous avec le docteur (le médecin) / le dentiste / le coiffeur / le directeur du collège.
- – Pouvez-vous venir ce matin / cet après-midi / ce soir / demain matin / mardi prochain?
- – J'ai un rendez-vous pour demain à 10 heures.

ECOUTEZ

Who do they wish to consult? When are their appointments?

	To consult	Date + time
Mme Marceau	....	....
M. Picard	....	....
Nicole	....	....
Rémy	....	....

LA GRAMMAIRE

'TOUT' means 'all'

TOUT agrees in gender and number with the noun that it refers to. It has four different forms : TOUT – TOUTE – TOUS – TOUTES.

- – Tout le collège est en vacances. (masculin singulier)
- – Toute la famille est dans la salle à manger. (féminin singulier)
- – Tous les garçons jouent au football.   (masculin pluriel)
- – Toutes les filles apprennent le français. (féminin pluriel)

TOUT is found also in expressions of time indicating frequency:
- – Tous les jours, nous allons à l'école.
- – Tous les matins, je me lève à 7 heures.
- – Tous les soirs, Paul fait ses devoirs.
- – Tous les samedis, Sophie travaille au supermarché.
- – Tous les mois, je vais chez le coiffeur.
- – Toutes les nuits, Pierre dort comme un bébé.
- – Toutes les semaines, je reçois une lettre de Kevin.

Ecrivez

Complete with the correct form of TOUT.

1 Tu as mangé _____ le gâteau!

2 _____ mes professeurs sont stricts.

3 Je vais à l'école _____ les jours.

4 Je fais _____ la vaisselle à la main.

5 Je sais _____ ma leçon d'histoire.

6 J'ai fini _____ mon problème de maths.

7 Ma mère connaît _____ mes copines.

8 _____ la classe travaille bien en anglais.

9 Le chat a mangé _____ la viande.

10 _____ les garçons aiment le sport.

Ecrivez

Qui parle?

Tick ✔ the name of the person who is most likely to say each of the following sentences.

	Le docteur	Le patient
Vous avez 39 degrés de température.		
Ouvrez la bouche et tirez la langue.		
Est-ce que c'est grave?		
Vous toussez depuis quand?		
Je vous donne une ordonnance.		
Allez tout de suite à la pharmacie.		
Je me sens faible, sans énergie.		
Je crois que j'ai la grippe.		
Prenez ces cachets avant les repas.		
Avez-vous mal à la gorge?		
Je tremble sans arrêt.		

31

LISEZ

Dunkerque, le 20 février.

Cher Kevin,

Excuse-moi de ne pas avoir répondu à ta lettre plus tôt.
Je ne vais pas très bien en ce moment. Je suis malade. Je
ne vais pas à l'école et je reste au lit depuis une semaine.
Je tousse, j'ai de la fièvre et j'ai mal partout. Ma mère a
appelé le médecin, et il a donné une ordonnance. A la
pharmacie, ma mère a acheté des
médicaments. Je prends ces médicaments,
mais ils sont dégoûtants. Il n'y a pas d'amélioration. Je
m'ennuie toute la journée: j'écoute la radio et je lis un peu
pour passer le temps. Je vais répondre à ta lettre quand je
vais retourner au collège.

A bientôt.

Ta copine,

Alice.

> une ordonnance – *a prescription*
> une amélioration – *an improvement*

Complete each sentence with a word taken from the letter.

1 Alice n'a pas _____ à la lettre de Kevin.

2 Alice est au _____ et elle ne va pas à l'école.

3 Elle a _____ à la gorge et au dos.

4 Le docteur a donné une _____ à la mère d'Alice.

5 Les _____ n'apportent pas d'amélioration.

DIALOGUE

A is the doctor. B is the patient.

– A asks B how s/he is.
– B answers s/he is not very well.
– A asks what B is suffering from.
– B has a headache and a sore throat.
– A asks if B has fever.
– B has fever.
– A says that B has the 'flu.

Un grand fumeur

Monsieur Morel a 65 ans et il fume depuis 50 ans (il a commencé très jeune à l'âge de 15 ans). Il a commencé à fumer quand il a quitté l'école pour aller travailler comme charpentier dans la petite entreprise de son oncle. Maintenant, il fume deux paquets de Gauloises tous les jours: quarante cigarettes par jour! Quand il se lève, il fume sa première cigarette. Quand il se couche, il fume sa dernière cigarette: il fume au lit! Il a les doigts jaunes et les dents jaunes aussi. Il tousse sans arrêt. Ses vêtements portent toujours une odeur de tabac. Monsieur Morel a beaucoup de difficulté à respirer parce que ses poumons sont malades, empoisonnés par la nicotine. Evidemment, Monsieur Morel ne fait pas de sport: il a abandonné à l'âge de 21 ans. Maintenant, il est en très mauvaise forme physique: il est essoufflé quand il monte l'escalier. Le docteur a conseillé à Monsieur Morel d'arrêter de fumer, mais c'est trop difficile: il ne peut pas arrêter.

M. Morel

tousser – *to cough*	les poumons – *the lungs*
sans arrêt – *non stop*	essoufflé – *out of breath*
respirer – *to breathe*	conseiller – *to advise*

Répondez

A 1. When did Monsieur Morel start smoking?
2. When does he light his first cigarette every day?
3. Why can he not breathe properly?
4. What did he do at the age of 21?
5. What shows that Monsieur Morel is in bad health?

B **Write a few words or a complete sentence to answer these questions.**
1. En quelle année est-ce que M. Morel a quitté l'école?
2. Où est-ce qu'il a commencé à travailler?
3. Quelle marque de cigarettes est-ce qu'il fume?
4. De quelle couleur sont ses doigts et ses dents?
5. Quel poison détruit ses poumons?

Ecrivez

You are in hospital and you write a letter to your French pen-pal.

Tell him/her:

– that you are not well
– what is wrong with you
– what treatment you are receiving.

Tell your pen-pal what you do to pass the time. Complain about hospital food.
Let your friend know:

– when you may return home
– when you may go back to school.

ON S'AMUSE

Match the pain and its cause to find the hidden expression.

1	J'ai mal aux pieds		I	J'ai crié après les enfants.
2	J'ai mal aux dents		R	Ma chaise n'est pas confortable.
3	J'ai mal aux oreilles		R	Mes chaussures sont trop petites.
4	J'ai mal aux yeux		Z	J'ai fait 10 km à pied.
5	J'ai mal à la gorge	parce que	E	Je mange trop de bonbons.
6	J'ai mal au dos		E	J'ai mangé trop de fruits de mer.
7	J'ai mal à l'estomac		P	J'ai regardé la télé de trop près.
8	J'ai mal aux jambes		S	J'ai écouté de la musique Heavy Metal.

Quand le médecin examine le patient avec son stéthoscope,
elle dit: '_ _ _ _ _ _ _ _'

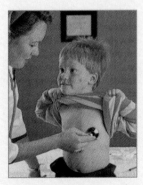

1	
2	
3	
4	
5	
6	
7	
8	

Unité 3

Au syndicat d'initiative

Chaque année, 30 millions de touristes étrangers passent leurs vacances en France. La France est le premier pays européen par le nombre de visiteurs.

Pour les touristes qui arrivent dans une ville sans connaître cette ville, la première chose à faire est d'aller à l'Office de Tourisme, appelé aussi 'le Syndicat d'Initiative'. Il y en a un dans chaque ville touristique. Là, les touristes reçoivent des brochures sur les visites intéressantes dans la région, sur les activités sportives et les événements culturels. Ils reçoivent aussi la liste des hôtels, des restaurants et des terrains de camping.

C'est facile d'écrire à l'Office de Tourisme de la ville que vous désirez visiter. Ecrivez sur l'enveloppe: 'Office de Tourisme', le nom de la ville, et 'France'. Votre lettre va arriver à destination. Vous pouvez écrire en anglais ou en français, comme vous voulez.

étranger / ère – *foreign*
sans – *without*
un événement – *an event*
comme vous voulez – *as you wish*

In this chapter you will learn how to:

– say where a building is situated
– ask for information at the tourist office
– ask for brochures and leaflets
– recommend a good restaurant or hotel.

In the grammar section you will learn about:

– the irregular verb VOULOIR

You will also revise

– the verb JE VOUDRAIS
– the prepositions 'de' and 'à'.
– more about negations.

Ecoutez et Répétez

1

– Pardon, Monsieur l'agent. Où se trouve l'office de tourisme, s'il vous plaît?
– L'office de tourisme se trouve dans le centre-ville, juste à côté de la mairie.
– Merci bien.
– De rien. Au revoir.

2

– Excusez-moi, Madame. Où est situé le bureau de poste, s'il vous plaît?
– La poste est située à droite du cinéma Rex.
– C'est loin d'ici?
– Non, c'est à deux minutes.

3

– Pardon, Monsieur. Je cherche la station de taxis.
– La station des taxis est là-bas, juste à gauche de l'église.
– Merci beaucoup.
– Je vous en prie. Au revoir.

une station de taxis – a taxi rank

4

– Pardon, Monsieur. Où est la Banque de France, s'il vous plaît?
– La Banque de France se trouve en face du jardin public, à 500 mètres sur votre droite.

5

— Où est le Collège Blaise Pascal?
— Vous voyez le grand bâtiment blanc au bout de la rue?
— Oui, je vois. C'est le collège?
— C'est le collège.

6
— Excusez-moi, Madame. Où se trouve le musée de la Tapisserie?
— Ce n'est pas loin. Vous voyez la cathédrale et la mairie, là-bas à gauche?
— Oui, bien sûr.
— Eh bien, le musée est situé entre la cathédrale et la mairie.
— Je vous remercie.
— De rien, Monsieur. Au revoir.

APPRENEZ L'ESSENTIEL

– Où se trouve la poste?
– Où est situé l'Office de Tourisme?
– Je cherche la gare.

– Le restaurant est à droite / à gauche / en face / près / à côté / de la mairie.

– Le musée est entre la mairie et la cathédrale.

– L'école est au bout de la rue / de l'avenue / du boulevard.

– Merci beaucoup / Je vous remercie.
– De rien / Je vous en prie.

ECOUTEZ

Which building are they looking for? Where is it located?

	Building	Location
1	....	....
2	....	....
3	....	....
4	....	....
5	....	....

Ecrivez

Complete each sentence with a word taken from the list.

1

bureau de poste – église – toilettes publiques – cathédrale

(1) Le cinéma est situé à côté de la _____

2 La banque se trouve à gauche de l' _____

(3) La fontaine est située en face des _____

4 Le café est à droite du _____

2

office de tourisme – station de taxis – magasins – collège

1 Le restaurant chinois est à côté du _____

(2) La banque est située à droite de l' _____

3 Ma maison se trouve en face de la _____

(4) L'arrêt d'autobus est près des _____

3

hôpital – rue – bureaux – pont

(1) Ma maison est à gauche des _____.

2 Le jardin public se trouve au bout de la _____.

(3) La théâtre est juste à côté du _____.

4 La station service est située à droite de l' _____.

 Ecrivez

A gauche ou à droite?
Write a sentence to describe the position of each building.

Example: | banque | | boucherie | ↘

– La boucherie se trouve à droite de la banque.

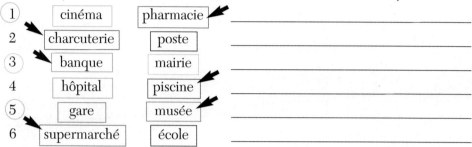

1. | cinéma | | pharmacie | ↙   _____
2. | charcuterie | | poste | _____
3. | banque | | mairie | _____
4. | hôpital | | piscine | ↙   _____
5. | gare | | musée | ↙   _____
6. | supermarché | | école | _____

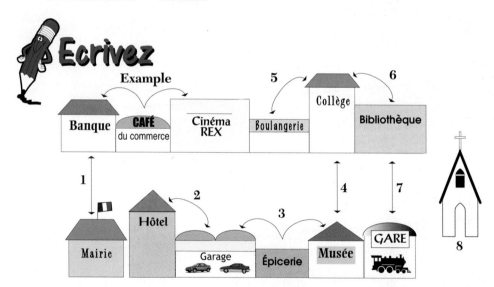 Ecrivez

Example: *– Le Café du commerce est situé entre la banque et le cinéma.*

1. (banque / mairie) _____
2. (hôtel / garage) _____
3. (épicerie / garage / musée) _____
4. (musée / collège) _____
5. (boulangerie / collège) _____
6. (bibliothèque / collège) _____
7. (bibliothèque / gare) _____
8. (église / bout de la rue) _____

39

Ecoutez et Ecrivez

LISTEN TO THE TAPE AND FILL IN THE MISSING WORDS.

J'habite à Châteauneuf. Ma _____ est très touristique et chaque année nous recevons la visite de beaucoup de touristes étrangers: des Anglais, des _____, des Belges et des Hollandais. Il y a beaucoup de monuments à _____ à Châteauneuf. Tous les touristes admirent la _____ de style gothique. Il y a aussi un _____ près de la mairie. Tous les touristes aiment aussi visiter le _____ de la Renaissance. Malheureusement, il est en ruines. Nous avons deux hôtels à _____ étoiles et beaucoup de bons petits restaurants: mon restaurant favori, c'est McDonald's juste en _____ de mon collège. J'adore _____ à Châteauneuf parce que je rencontre beaucoup de touristes étrangers.

Gervaise.

Répondez

Use part of the question to write your answer.

1. Où est-ce que <u>Gervaise habite</u>?

2. Quels <u>touristes</u> <u>visitent Châteauneuf</u>?

      1   2

3. Quels monuments est-ce que les <u>touristes visitent</u>?

4. Quel <u>est</u> le <u>style de la cathédrale</u>?

    2   1

5. Où est <u>situé</u> <u>le musée</u>?

      2   1

6. Combien <u>d'hôtels ont trois étoiles</u>?

7. Quel <u>est</u> <u>le restaurant préféré de Gervaise</u>?

    2   1

8. Qui est-ce que <u>Gervaise aime rencontrer</u> <u>à Châteauneuf</u>?

      1   2

LA GRAMMAIRE

Le verbe irrégulier VOULOIR.

VOULOIR means 'to want'. JE VOUDRAIS and VOULOIR are the same verb but in different tenses. Learn its present tense:

Je veux	Nous voulons
Tu veux	Vous voulez
Il/elle veut	Ils/elles veulent

The verb that immediately follows VOULOIR is always in the infinitive.

– Je veux écouter ce disque.

– Est-ce que tu veux boire un thé?

– Nous ne voulons pas avoir de problèmes.

The past participle of VOULOIR is VOULU.

– Hier, j'ai voulu téléphoner à mon ami.

Ecrivez

Introduce the verb VOULOIR into the following sentences.

Example: – Patricia écoute son baladeur.
            – *Patricia veut écouter son baladeur.*

1   Bruno regarde des images. _____

2   Vous allez à la bibliothèque. _____

3   Je visite le musée. _____

4   Les garçons gagnent le match. _____

5   Tu arrives juste à l'heure. _____

6   Je finis mes devoirs à 5 heures. _____

7   Le professeur punit Rémy. _____

8   Nous vendons notre maison. _____

9   Tu ne réponds pas au téléphone. _____

10 Catherine fait du sport. _____

11 Vous faites de la natation. _____

12 Est-ce que tu viens à la disco? _____

41

Écoutez et Lisez

Mark O'Shaughnessy est en vacances pour trois semaines à Deauville chez son correspondant Arnaud Delacroix. Mark a passé l'après-midi à la piscine et retourne chez Arnaud vers cinq heures. Malheureusement, Mark ne connaît pas encore la ville et il a oublié la route pour rentrer à la maison. Il ne sait pas où il est: il est complètement perdu. Il se souvient seulement qu'Arnaud habite au 38 rue Victor Hugo, juste à côté de l'Hôtel de l'Espérance. Mark demande sa route à un gendarme.

– Pardon, Monsieur l'agent. Je cherche la Rue Victor Hugo. C'est loin?
– La rue Victor Hugo? C'est assez loin. C'est à 3 km d'ici. Vous êtes à pied?
– Malheureusement, oui.
– Alors, prenez un taxi. C'est plus facile.
– Mais je n'ai pas assez d'argent pour prendre un taxi, moi. Est-ce qu'il y a un autobus?
– Oui, le numéro 5 passe par la rue Victor Hugo.
– Il y a un arrêt près d'ici, s'il vous plaît?
– Ça, c'est facile. Il y a un arrêt en face du commissariat de police, là-bas sur la gauche, à côté du jardin public.
– Merci, Monsieur l'agent.
– De rien. Au revoir.

pas encore –	*not yet*
perdu –	*lost*
se souvenir –	*to remember*
un gendarme –	*a policeman*

Répondez

1. Where did Mark spend the afternoon?
2. What can he remember?
3. What does the policeman suggest Mark should do?
4. Why can he not do that?
5. Where is the bus stop?
6. Where is the police station located?

DIALOGUE

A is the tourist. B is the local who knows the town.

- A would like to know where the football stadium is.
- B asks if A is on foot or driving.
- A says he/she is on foot.
- B tells A that the stadium is far away, 5 km at least.
- A would like to know if he/she can take the bus.
- B answers there is no bus going to the stadium.
- A says he/she can take a taxi and asks where the nearest taxi rank is.
- B answers that the taxi rank is in front of the church.
- A thanks B then says goodbye.
- B says goodbye.

Écoutez et Répétez

1
- Bonjour, Madame. Je voudrais un plan de la ville, s'il vous plaît.
- Oui, Monsieur. Voilà un plan de la ville, et voilà aussi une brochure sur les monuments historiques.
- Merci. C'est combien?
- C'est gratuit, Monsieur.
- Merci beaucoup.

2

- Je voudrais une carte routière, s'il vous plaît.
- Une carte de la France entière ou de la région seulement?
- De la France entière, s'il vous plaît. Combien ça coûte?
- La carte routière coûte €3, Mademoiselle.

43

3

– Qu'est-ce qu'il y a à visiter dans cette ville?
– Il y a beaucoup de choses intéressantes pour les touristes. Vous pouvez visiter la cathédrale, le musée, les ruines du château médiéval et l'aqueduc romain.
– Nous allons commencer par la cathédrale.

4

– Qu'est-ce qu'il y a pour les touristes sportifs?
– Pour les sportifs, il y a les clubs de tennis et de golf, le club d'équitation et la piscine.
– Et pour les pêcheurs?
– Vous pouvez pêcher au bord de la rivière ou au bord du lac.

5

– Je voudrais des renseignements sur la ville de Bayeux, s'il vous plaît.
– Voici une brochure sur la cathédrale et une autre sur le musée de la Tapisserie. Voici un dépliant sur les activités sportives et culturelles.
– Avez-vous une liste des hôtels?
– Bien sûr, Madame. Voici une liste des hôtels et des restaurants à Bayeux.
– Pouvez-vous me recommander un bon hôtel, s'il vous plaît?
– Certainement. Je vous recommande l'Hôtel de la Marine.

6

– Je vous souhaite un bon séjour dans notre ville.

APPRENEZ L'ESSENTIEL

– Je voudrais   un plan de la ville.
                 une carte routière de la France / de la région.
                 une brochure sur les monuments historiques.
                 un dépliant sur les activités culturelles.
                 une liste des hôtels / des restaurants.

– Ce dépliant est gratuit. / Cette brochure est gratuite.

– Qu'est-ce qu'il y a à visiter?
– Pour les touristes, il y a   la cathédrale.
                       l'église gothique.
                       les ruines romaines.
                       le château-fort.
                       les caves à vin.

– Pouvez-vous me recommander un bon hôtel / restaurant?
– Je vous recommande l'Hôtel de la Marine / le restaurant Chez Léon.

Ecrivez

Qu'est-ce que les touristes voudraient visiter?
Write a complete sentence for each picture.

> **Example:**   – Est-ce que vous *voudriez visiter l'eglise?*

1. Nous _____

2. Est-ce que tu _____ ?

3. Les enfants _____

4. Patrick _____

5. Je _____

ECOUTEZ

Qu'est-ce que les touristes voudraient faire? Quels documents est-ce qu'ils reçoivent?

	Activités	Documents
Mme Marceau	....	....
M. Pradel	....	....
Melle Cartier	....	....
Mme Davos	....	....
M. Perrier	....	....

LA GRAMMAIRE

Les négations

The only negation which you have learnt so far is NE – PAS.

– Je ne parle pas espagnol.   – Nous ne savons pas où Pierre habite.
– Paul n'étudie pas la philosophie.   – Nous n'allons pas à l'école le dimanche.

The other negations are:

NE – JAMAIS	never
NE – PLUS	no longer / no more
NE – RIEN	nothing
NE – PERSONNE	nobody
NE – NI . . . NI	neither. . . nor
NE – GUERE	not much
NE – QUE	only

Like NE – PAS these negations are located on either side of the verb.

– Pierre est pressé. Il attend quelqu'un?
– Non, Pierre n'attend **personne**.
– Catherine n'a pas d'argent. Elle achète quelque chose?
– Non, elle n'achète **rien**.
– Michel va encore à l'école primaire?
– Non, il **ne** va **plus** à l'école primaire.
– M. Marceau fume quelquefois la pipe?
– Non, il **ne** fume **jamais** la pipe.
– Christine met beaucoup de sucre dans son café?
– Non, elle **ne** met **guère** de sucre dans son café.
– Paul boit du whisky ou de la vodka?
– Non, il **ne** boit **ni** whisky **ni** vodka.
– Michel mange deux gâteaux au dessert?
– Non, il **ne** mange **qu'**un gâteau au dessert.

46

 **Ecrivez**

Answer NON, then complete each sentence with the correct negation.

Example: – Tu comprends quelque chose?
– Non, *je ne comprends rien.*

A 1 Tu manges quelque chose?
Non, _____

2 Tu fumes quelquefois le cigare?
Non, _____

3 Tu vas encore à l'école primaire?
Non, _____

4 Tu as un frère ou une soeur?
Non, _____

5 Tu parles à quelqu'un?
Non, _____

B 1 Michel a son baladeur sur les oreilles. Il entend quelque chose?
Non, _____

2 Mme Fournier va quelquefois au marché le dimanche?
Non, _____

3 Sophie n'a pas faim. Elle mange quelque chose?
Non, _____

4 Est-ce que Daniel a encore douze ans?
Non, _____

5 Est-ce que M. Dupont travaille à la poste ou à la banque?
Non, _____

6 Le train de marchandises prend quelqu'un à la gare?
Non, _____

7 Est-ce que la petite Caroline est encore un bébé?
Non, _____

8 L'autobus numéro 15 s'arrête quelquefois devant la piscine?
Non, _____

LISEZ

JE M'APPELLE Richard Van Dongen et je viens de Bruxelles, la capitale de la Belgique. Je suis en vacances à Lorient en Bretagne parce que j'adore la mer et les sports nautiques. Aujourd'hui, c'est mon premier jour de vacances ici. C'est la première fois que je viens en Bretagne. Comme je ne connais pas la ville de Lorient et sa région, je vais au syndicat d'initiative pour demander un plan et des brochures sur les monuments et les activités culturelles. L'employée est très gentille: elle me donne beaucoup de brochures gratuites et intéressantes sur les locations de planche à voile et de bateau de pêche. J'ai aussi un dépliant intéressant sur le festival de musique celtique qui commence dimanche prochain.

comme – *as*
gentil-le – *kind/nice*
la location – *hiring*

Répondez

Use part of the question to write your answer.

1. D'où vient Monsieur Van Dongen?
     3   2   1

2. Où est-ce qu'il est en vacances?

3. Quels sports est-ce qu'il préfère?

4. Est-ce qu'il connaît bien Lorient?

5. Qu'est-ce que l'employée de l'office de tourisme lui donne?

6. Quand commence le festival de
                  2   1
   musique celtique?

 ## Ecrivez

Your French pen-friend has accepted to come to Ireland in July. Describe your city/town/village to him/her. Tell him/her:

– how big your city/town/village is.
– where it is located.
– how many inhabitants it has.
– which buildings/monuments he/she should visit.
– which sports he/she can enjoy.

DIALOGUE

A is a tourist. B is an employee at the tourist office.

– A: Can you recommend a good hotel?
– B: I recommend the _____
– A: Where is it situated?
– B: It is _____
– A: And can you recommend a good restaurant?
– B: I recommend _____
– A: What is there to see in town?
– B: You can visit the cathedral, the museum and the wine cellars.
– A: Where is the museum?
– B: It is opposite the cathedral.
– A: Thank you very much.
– B: Don't mention it.

LISEZ

Bayeux, le 28 avril.

Cher Declan,

Je suis content que tu acceptes mon invitation. Bayeux est une vieille ville historique en Normandie. Il y a 20.000 habitants à Bayeux. En été, il y a beaucoup de touristes: ils viennent visiter la cathédrale, les musées de la Tapisserie et de la Bataille de Normandie. Pour les sportifs, il y a toutes sortes d'activités: piscine chauffée, centre omni-sport, terrain de golf. La plage est à 5km du centre-ville. Il y a des discothèques, des cinémas, des clubs de jeunes, des restaurants pas chers, et beaucoup de magasins intéressants. Comme je sais que tu es sportif et que tu t'intéresses à l'histoire, tu vas aimer Bayeaux. J'attends ton arrivée avec impatience.

Ton ami,

Alex.

(1) What do tourists enjoy doing in Bayeux?

(2) Why will Declan enjoy visiting Bayeux?

1 READ THE ADVERTISEMENT THEN ANSWER THE QUESTIONS.

(1) What must a child do to get a free ticket?

2 Is the zoo open every day of the year?

(3) When is the restaurant open?

2 READ THE BROCHURE THEN ANSWER THE QUESTIONS.

Office de Tourisme
de
Bagnoles-de-l'Orne - Tessé la Madeleine

Place du Marché
61140 Bagnoles-de-l'Orne
TÉL: 02 33 37 85 66 - FAX: 02 33 30 06 75

Martine et Carole, nos hôtesses,
sont heureuses de vous accueillir
et de vous faire découvrir notre station.

Nos horaires

L'OFFICE DE TOURISME EST OUVERT

D'AVRIL À OCTOBRE

Du lundi au samedi
• de 9 h 30 à 12 h 00 et de 14 h à 18 h 30

Les dimanches et jours fériés
• de 10 h 00 à 12 h 00 et de 15 h 00 à 18 h 30

DE NOVEMBRE À MARS

Du lundi au vendredi
• de 9 h 30 à 12 h 00 et de 14 h à 18 h 30
Les week-ends et jours férés
• fermé

Nos horaires

• Accueil et information touristique par nos hôtesses
trilingues (français, anglais, espagnol)
• Visites guidées du quartier Belle Epoque tous les
lundis à 14 h 30 en saison. Coût: €2. Durée: 2
heures.
• Vente de cartes de la forêt
d'Abdaine €2.
Vente de cartes téléphoniques.

OFFICE DE
TOURISME

(1) Who are Martine and Carole?

2 At what time of the year is the office closed on Saturdays?

(3) What languages do the hostesses speak?

4 What can be purchased from the office?

ON S'AMUSE

Mots croisés

Find the missing horizontal words to discover the vertical word.

HORIZONTALEMENT

1   Je vous r_ _ _ _ _ _ _ _ _ l'Hôtel du Lac: c'est un excellent hôtel.
2   Nous faisons de l'équitation: nous avons deux c_ _ _ _ _ très dociles.
3   Au syndicat d'initiative, j'ai reçu une b_ _ _ _ _ _ _ sur l'église gothique.
4   Ça ne coûte rien: c'est g_ _ _ _ _ _.
5   Vous pouvez faire du canoë-kayak sur la _ _ _ _ _ _ _ ou sur le lac.
6   Au m_ _ _ _ de la préhistoire, on voit des squelettes de dinosaures.
7   Des musiciens irlandais vont au f_ _ _ _ _ _ _ de Lorient pour jouer de la musique traditionnelle.
8   Le château et la cathédrale sont les deux monuments h_ _ _ _ _ _ _ _ _ _ de notre ville.
9   La poste est située e_ _ _ _ la mairie et le cinéma.

VERTICALEMENT

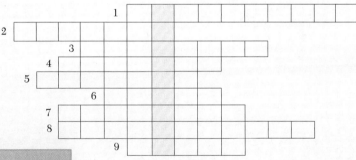

Pendant nos dernières vacances, nous avons fait une _ _ _ _ _ _ _ _ _ _ de trois jours à bicyclette en Normandie.

Unité 4

Allô, qui est au téléphone?

Si tu as un correspondant en France, le premier contact est toujours par lettre. C'est très facile d'écrire et de répondre en français ou en anglais, et ça coûte seulement le prix d'un timbre. Communiquer par téléphone, c'est plus rapide, mais c'est plus difficile: c'est pour les étudiants avancés qui parlent et comprennent bien. Pour aller plus vite, tu peux envoyer un fax, mais tout le monde n'a pas de fax à la maison. La solution idéale, c'est l'Internet. Tu peux envoyer un e-mail à ton correspondant: c'est rapide et pas cher.

Si – *if*
plus – *more*
envoyer – *to send*

In this chapter you will learn how to:

- list the presents that you have given and received
- talk on the phone
- leave a message
- wish your friend all sorts of good things.

In the grammar section you will learn about:

- indirect pronouns
- numbers.

You will also revise:

- irregular verbs in the passé composé.

52

Ecoutez et Répétez

1
- Tu as reçu des cadeaux pour ton anniversaire?
- J'ai reçu un jean, un baladeur et de l'argent.

2
- Qu'est-ce que tu as reçu comme cadeaux à Noël?
- Mon père m'a offert un ballon de foot en cuir. Ma mère m'a offert une montre digitale.

3
- Qu'est-ce que tu as offert à ton frère pour son anniversaire?
- Je lui ai offert une raquette de tennis et des balles.

4
- Qu'est-ce que tu as offert à ta soeur pour Noël?
- Je lui ai offert des boucles d'oreilles en or.

5
- Qu'est-ce que tu as offert à ta petite amie pour la Saint-Valentin?
- Je lui ai offert un gros nounours. Elle m'a envoyé une carte très romantique.

6

> – Tu n'as pas oublié l'anniversaire de ta meilleure copine, j'espère.
> – Bien sûr que non. Je lui ai envoyé une carte et je lui ai souhaité un heureux anniversaire.

APPRENEZ L'ESSENTIEL

– J'ai reçu des cadeaux pour mon anniversaire / Noël / Pâques.

– Mon père / ma mère m'a offert un baladeur / de l'argent / des boucles d'oreilles.

– Je lui ai offert des fleurs / un nounours / un bracelet.

– Je lui ai envoyé une carte postale / d'anniversaire.

– Je lui ai souhaité un heureux anniversaire / un joyeux Noël / une heureuse nouvelle année.

ECOUTEZ

What was the occasion? What present did they receive? Who gave them this present?

	Occasion	Present	Given by
Serge	....	....	....
Pauline	....	....	....
Suzanne	....	....	....
Rémy	....	....	....
Nicolas	....	....	....
Cécile	....	....	....

LA GRAMMAIRE

Les pronoms objets indirects

Indirect objects are nouns located after the verb and separated from it by a preposition: 'à' most often.

- J'offre des roses **à ma mère**.
- Je donne un livre **à mon copain**.
- Je demande une question **au professeur**.
- Le professeur distribue des livres **aux enfants**.

Indirect object pronouns replace this type of noun.
Learn the list of indirect object pronouns:

me	to me
te	to you (friendly)
lui	to him / to her
nous	to us
vous	to you (group or polite)
leur	to them (masculine or feminine)

Indirect object pronouns appear in front of the verb.

- Tu **me** donnes €7 ?
- Oui, je **te** donnes €7 .

- Le professeur **vous** distribue des livres?
- Oui, il **nous** distribue des livres.

- Tu téléphones **à Patrick?**
- Oui, je **lui** téléphone.

- Tu offres des fleurs **à ta copine?**
- Oui, je **lui** offre des fleurs.

- Pierre présente sa fiancée **à ses parents?**
- Oui, il **leur** présente sa fiancée.

Ecrivez

Answer with a complete sentence containing an indirect pronoun.

A 1 Sophie écrit **à sa correspondante**?

2 Paul envoie une carte postale **à son copain**?

3 Le Père Noël offre des cadeaux **aux enfants**?

4 Le garçon de café apporte une bière **au monsieur**?

5 Michel offre un bouquet de fleurs **à sa mère**?

6 Le grand-père envoie de l'argent **à Sophie**?

B 1 Ta mère **te** donne des bonbons?

2 Ta correspondante **t'**écrit une lettre par semaine?

3 Votre mère **vous** offre des bonbons, les enfants?

4 Le docteur **vous** écrit une ordonnance, M. Lambert?

5 Ton petit ami **t'**envoie des fleurs, Marie?

6 Votre mari **vous** a offert un bracelet, Mme Florient?

LISEZ

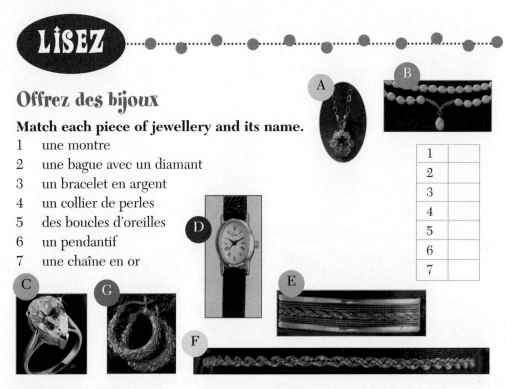

Offrez des bijoux

Match each piece of jewellery and its name.

1 une montre
2 une bague avec un diamant
3 un bracelet en argent
4 un collier de perles
5 des boucles d'oreilles
6 un pendantif
7 une chaîne en or

1	
2	
3	
4	
5	
6	
7	

56

Offrez des équipements de loisirs

Match each piece of equipment and its name.

 A
 B
 C
 D
 E
 F
 G
 F
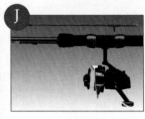 I J

1 une raquette de tennis
2 un ballon en cuir
3 des clubs de golf
4 un vélo tout-terrain (un VTT)
5 des outils de bricolage
6 une canne à pêche avec un moulinet
7 un baladeur
8 une chaîne hi-fi
9 des jeux électroniques
10 un appareil-photo

1	2	3	4	5	6	7	8	9	10

Ecrivez

Use the words in the *Lisez* above to write a complete sentence for each of the questions.

Example: – Jacques joue au football. Qu'est-ce que son grand-père a offert à Jacques?
– *Son grand-père lui a offert un ballon en cuir.*

1) Lucie joue au golf. Qu'est-ce que sa soeur a offert à Lucie?

_____

2   M. Ferrand aime pêcher dans le lac. Qu'est-ce que Mme Ferrand a offert à son mari?

___

3   Marc fait du cyclisme. Qu'est-ce que ses parents ont offert à Marc?

___

4   M. Perrier aime bricoler. Qu'est-ce que Mme Perrier a offert à son mari?

___

5   André joue au tennis. Qu'est-ce que sa tante a offert à André?

___

6   Alice et Caroline adorent les bijoux. Qu'est-ce que Mme Lebrun a offert à ses filles?

___

7   Veronique et Henri s'intéressent aux ordinateurs. Qu'est-ce que M. Blondel a offert à ses enfants?

___

8   Juliette aime écouter de la musique pop. Qu'est ce que ses parents ont offert à Juliette?

___

— LA GRAMMAIRE —

Les verbes irréguliers au passé composé

avoir	j'ai eu	(I had)		lire	j'ai lu	(I read)
boire	j'ai bu	(I drank)		mettre	j'ai mis	(I put (on))
conduire	j'ai conduit	(I drove)		offrir	j'ai offert	(I offered)
connaître	j'ai connu	(I knew a person)		ouvrir	j'ai ouvert	(I opened)
courir	j'ai couru	(I ran)		pleuvoir	il a plu	(It rained)
croire	j'ai cru	(I believed)		pouvoir	j'ai pu	(I could, I was able
devoir	j'ai dû	(I had to)				/ I was allowed to)
dire	j'ai dit	(I said)		prendre	j'ai pris	(I took)
écrire	j'ai écrit	(I wrote)		recevoir	j'ai reçu	(I received)
être	j'ai été	(I was)		savoir	j'ai su	(I knew a fact)
faire	j'ai fait	(I did – I made)		voir	j'ai vu	(I saw)
falloir	il a fallu	(It was necessary)		vouloir	j'ai voulu	(I wanted)

Ecrivez

Use the following expressions to write one sentence describing each picture.

> faire beau – être triste – voir un feu d'artifice – recevoir un vélo neuf – courir dans la campagne – lire un livre – écrire une lettre à Simon – pleuvoir à torrents – boire un verre de lait – prendre un bain – mettre une cravate – faire un pique-nique

1) Hier, nous _____

2) Dimanche dernier, il _____

3) Ce matin, j' _____

4) A 8 heures, Corinne _____

5) Au petit déjeuner, tu _____

6) Hier matin, il _____

(7) Hier soir, Sophie _____

(8) A la bibliothèque, nous_____

(9) Hier, j' _____

(10) Pour son anniversaire, Alice _____

(11) Après mes vacances, j' _____

(12) Le 14 juillet, vous _____

60

Ecrivez

Write a sentence containing the passé composé.

Example: – Aujourd'hui, nous faisons nos devoirs.
– *Hier, nous avons fait nos devoirs.*

1   Aujourd'hui, vous écrivez à vos correspondants.
Hier, _____

2   Aujourd'hui, tu offres des roses à ta mère.
Hier, _____

3   Aujourd'hui, je reçois une lettre d'Irlande.
Hier, _____

4   Aujourd'hui, les enfants savent la leçon.
Hier, _____

5   Aujourd'hui, vous prenez l'autobus.
Hier, _____

6   Aujourd'hui, nous mettons des vêtements chauds.
Hier, _____

7   Aujourd'hui, je veux aller au cinéma.
Hier, _____

8   Aujourd'hui, il pleut à torrents.
Hier, _____

9   Aujourd'hui, Charles boit beaucoup de café.
Hier, _____

10 La banque ouvre à 10 heures.
Hier, _____

LISEZ

Les cadeaux d'anniversaire de Stéphanie

Underline all irregular verbs in the passé composé.

Hier, j'ai célébré mon quinzième anniversaire.
Mon père a ouvert une bouteille et j'ai bu du
champagne.

Au dessert, j'ai eu un accident: j'ai mis du
gâteau au chocolat sur ma robe blanche. Ma
mère a été furieuse.

61

Mon oncle et ma tante m'ont offert de l'argent. Ils ont mis €50 dans une enveloppe. Quand j'ai ouvert l'enveloppe, j'ai été déçue: c'est généreux, mais pas très personnel.

Mon copain Henri m'a écrit une carte d'anniversaire. J'ai reçu sa carte hier matin et j'ai bien rigolé quand j'ai lu le message.

Ma soeur Alice a acheté des fleurs et elle a fait un gros bouquet: elle m'a offert des roses rouges pour mon anniversaire.

Lundi dernier, ma correspondante m'a envoyé un nounours par la poste. Son cadeau a mis deux jours pour arriver en France.

Stephanie.

décevoir – *to disappoint*
déçu/e – *disappointed*
rigoler – *to laugh*

Ecrivez

Pick the correct answer and then answer orally with a complete sentence. Finally write the sentence out in full.

Example: – Q'est-ce que tu as fait dans ta chambre?
faire la vaisselle / prendre une douche / écrire une lettre
– *J'ai écrit une lettre dans ma chambre.*

1 Qu'est-ce que tu as fait dans la salle de bains?
lire un livre / prendre une douche / regarder une vidéo

_____

2 Qu'est-ce que tu as fait au café?
faire mes devoirs / jouer au tennis / boire une bière

_____

3 Qu'est-ce que Catherine a fait à sa boum d'anniversaire?
aller au collège / ouvrir ses cadeaux / attendre le bus

_____

4 Qu'est-ce que Pierre a fait à la gare?
prendre le train / mettre son chapeau / avoir un accident

_____

5 Qu'est-ce que vous avez fait au zoo, les enfants?
acheter des gâteaux / voir des éléphants / recevoir des lettres

_____

6 Qu'est-ce que vous avez fait à Noël, les garçons?
offrir un bracelet à Maman / faire du jardinage / prendre un bain dans la mer

_____

LISEZ

Calais, le 25 août.

Chère Karen,

J'ai célébré mon anniversaire hier soir avec tous mes copains et copines. Nous avons organisé une boum sensationnelle au club des jeunes et j'ai reçu beaucoup de cadeaux: des cassettes, des livres, un chemisier et des lunettes de soleil. J'ai reçu ton cadeau hier matin par la poste, et je te remercie pour la jolie montre. Elle me va bien. Je sais que ton anniversaire approche, mais j'ai oublié la date. C'est quel jour exactement? Quel cadeau est-ce que tu voudrais? Réponds-moi vite.

Ton amie,

Véronique.

Répondez

Complete each sentence with a word taken from the letter.

1. Hier soir, Véronique a _____ son anniversaire avec ses copains.
2. La_____ organisée par les copains a été sensationnelle.
3. Véronique a reçu un _____ en cadeau.
4. Elle _____ Karen pour la jolie montre.
5. Véronique a _____ à quelle date Karen a son anniversaire.
6. Karen doit répondre _____ à son amie.

Ecrivez

You celebrated your birthday recently. Write a short letter to your French pen-pal to thank him/her for the present that he/she sent you. Tell him/her also:
– when, where and with whom you celebrated your birthday,
– what presents you received,
– that you have not forgotten his/her birthday,
– that you will send him/her a present: it is a surprise.

You may use Véronique's letter as a model but not the information concerning your birthday and presents.

Écoutez et Répétez

1
- – Allô, je voudrais parler à David.
- – Oui, il est là. Qui est à l'appareil?
- – C'est Gilbert.
- – Ne quittez pas. Je vais chercher David.

2

- – Allô, Mme Giraud à l'appareil.
- – Bonsoir, Mme Giraud. C'est Florence. Je voudrais parler à Dominique, s'il vous plaît. Elle est à la maison?
- – Oui, elle est dans sa chambre; elle fait ses devoirs. Attends un peu, Florence. Je vais chercher Dominique.

3
- – Allô, Sébastien Filoche à l'appareil.
- – Salut, Sébastien. C'est Claudine. Ça va?
- – Je vais bien. Et toi?
- – Je suis en bonne forme. Je voudrais parler à ta soeur Josette.
- – Ah, désolé. Josette n'est pas à la maison. Elle doit rentrer ce soir. Je peux lui laisser un message, si tu veux.
- – D'accord. Dis-lui que j'organise une boum samedi prochain et qu'elle est invitée.

APPRENEZ L'ESSENTIEL

- – Je voudrais parler à Michel. / Est-ce que je peux parler à Michel?
- – Ne quittez pas.
- – Michel est là. / Désolé, il n'est pas là.
- – Est-ce que vous pouvez lui laisser un message?
- – Oui, je peux lui laisser un message.
- – Attendez un peu. Je vais chercher Michel.

ECOUTEZ

Where is the person who is wanted on the phone? What is s/he doing?

		Où il/elle est	Ce qu'il/elle fait
1	André	....	....
2	Simone	....	....
3	Sylvie	....	....
4	Jérôme	....	....

ECOUTEZ

Write the messages in English.

1	. . . .
2	. . . .
3	. . . .
4	. . . .
5	. . . .

LISEZ

Six messages

4 h 30.
Dominique,
Patricia a téléphoné.
Elle ne peut pas aller à
l'entraînement ce soir.
Elle est malade.
     Maman.

Midi et demi.
M. le Directeur,
Votre femme a
téléphoné.
Elle doit aller chez le
coiffeur cet après-midi.
Elle passera au bureau
vers 15 heures.
     Christiane.

18 heures

Papa,
Ton copain Marcel a téléphoné.
Il doit rester à son bureau ce
soir. Il doit signer un contrat.
Il ne peut pas venir jouer au
billard. Il peut jouer samedi
prochain.

A ce soir,
Pascal.

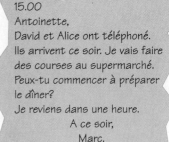

15.00
Antoinette,
David et Alice ont téléphoné.
Ils arrivent ce soir. Je vais faire
des courses au supermarché.
Peux-tu commencer à préparer
le dîner?
Je reviens dans une heure.
A ce soir,
Marc.

Midi

Maman,
Je ne vais pas manger le déjeuner
avec toi parce que ma copine
Charlotte m'a invité à manger au
nouveau restaurant italien au
centre-ville. Cet après-midi, nous
allons jouer au tennis. Je vais
rentrer à la maison ce soir vers
6 heures.
Grosses bises, Bruno.

8h du soir,
Papa et Maman,
Nous avons fini nos devoirs. Les
programmes à la télé sont mauvais.
Nous sortons avec des copains. Nous
allons au club des jeunes pour jouer
au ping-pong. Nous rentrons vers 11h.
Demain les cours commencement à
9h 30.
Hélène et Daniel.

Répondez

1. Why don't Hélène and Daniel want to stay home tonight?
2. Dad's friend cannot play billiards tonight. Why?
3. Where will the manager's wife spend the afternoon?
4. Why can Hélène and Daniel stay out until late?
5. What should Patricia be doing tonight? Why can't she?
6. Why will Bruno not eat lunch with his mother?
7. Why must Alice and Marc prepare dinner?

Ecrivez

Write a short note to your brother/sister to let him/her know that
his/her friend Jacques/Jacqueline has phoned. You have taken
down the following message:

- The sports teacher is not well today.
- There is no basketball match after school.
- The next match is on Tuesday afternoon.

Ask your brother/sister to ring his/her friend after dinner. (30 words)

Ecoutez et Ecrivez

LISTEN TO THE TAPE AND FILL IN THE MISSING WORDS.

Bruno et Ludovic n'ont pas oublié l'anniversaire de leur amie.

Ludovic:	C'est quelle date aujourd'hui?
Bruno:	Aujourd'hui, c'est _____ .
Ludovic:	Non, pas le jour. La date!
Bruno:	Ah ! C'est le 26 avril. Pourquoi?
Ludovic:	Tu sais, Bruno, c'est l' _____ d'Isabelle aujourd'hui. Elle a 15 ans. Est-ce qu'elle organise une _____ ce soir?
Bruno:	Non. Elle préfère célébrer en famille. La boum, c'est pour samedi soir.
Ludovic:	Dommage! Est-ce que tu lui as envoyé une carte?
Bruno:	Oui, hier. J'espère qu'elle va _____ ma carte aujourd'hui.
Ludovic:	Ce n'est pas sûr. Ecoute, j'ai une idée. On peut lui _____ pour lui souhaiter un heureux anniversaire.
Bruno:	C'est une _____ idée. Est-ce que tu connais son numéro de téléphone?
Ludovic:	Oui. C'est le 37 – 75 – 59 – 12.
Bruno:	Bon, je fais le numéro. Ah, pas de chance, c'est occupé!
Ludovic:	On va attendre un peu.
Bruno:	Bon, je fais le numéro une _____ fois. Ça sonne, mais ça ne _____ pas.
Ludovic:	Un peu de patience!
Bruno:	Ah, ça répond! Allô, c'est toi, Isabelle? HEUREUX ANNIVERSAIRE, ISABELLE!

> Dommage – *It's a pity*
> pas de chance – *bad luck*

Répondez

1. How will Isabelle celebrate her birthday tonight?
2. When did Bruno send her a birthday card?
3. Isabelle does not answer the first call. Why?

ECOUTEZ

Une date? Un numéro de téléphone?
Write in the date or the phone number in the appropriate box.

	Numéros de téléphone	Dates
1	....	....
2	....	....
3	....	....
4	....	....
5	....	....

ECOUTEZ

Je te souhaite . . . Write in French what they wish their friends.

1 ....
2 ....
3 ....
4 ....
5 ....
6 ....
7 ....
8 ....

DIALOGUE

A phones his/her exchange partner Daniel/Danielle who is not at home. Daniel/Danielle's mother (B) answers. A has to leave a message.

- A: Hello, I would like to speak to Daniel/Danielle, please.
- B: Who is speaking, please?
- A: It is me, X.
- B: Good evening, X. I am sorry, Daniel/Danielle is not at home.
- A: Can I leave him/her a message?
- B: Yes, of course.
- A: He/she must play basketball Saturday morning with the school team because the match is very important.
- B: Is that all?
- A: That's all. Thank you and goodbye.

ON S'AMUSE

Put the name of each object below in the crossword to discover a new word.

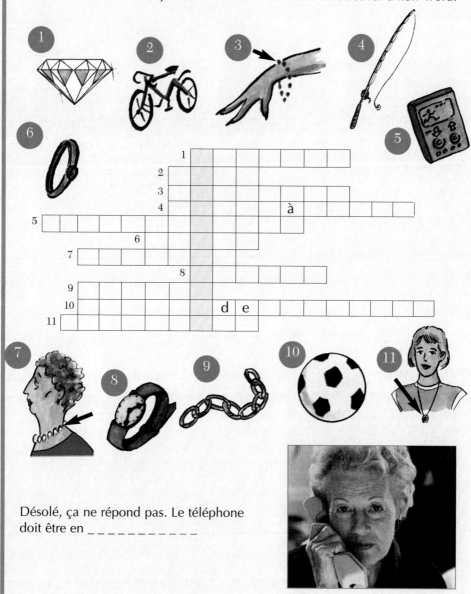

Désolé, ça ne répond pas. Le téléphone
doit être en _ _ _ _ _ _ _ _ _ _ _

Unité 5

J'ai fait une réservation

Avec tous ses monuments, ses sites historiques et naturels, ses événements culturels et sportifs, ses festivals traditionnels, la France a développé une industrie touristique de renommée internationale. Pour loger tous les visiteurs et les touristes étrangers, il y a en France une multitude de possibilités qui donnent satisfaction à la majorité de la clientèle: les jeunes qui n'ont pas beaucoup d'argent préfèrent le camping et les auberges de jeunesse, les familles choisissent de rester dans des gîtes à la campagne ou au bord de la mer, les touristes plus riches passent leurs vacances dans les hôtels à trois ou quatre étoiles.

> la renommée – *renown/fame*
> loger – *to accommodate*
> un gîte – *a holiday cottage*
> une étoile – *a star*

In this chapter you will learn how to:

– hire a bicycle, a boat or a car
– book a room in a hotel or a youth hostel
– make a reservation at a campsite.

In the grammar section you will learn about:

– the future simple of regular verbs
– how to ask for permission.

70

Écoutez et Répétez

A LA LOCATION DE VÉLOS

- Nous voudrions louer des vélos, s'il vous plaît.
- Pas de problème. Vous êtes combien?
- Nous sommes cinq.
- Alors, il vous faut cinq vélos. Jusqu'à quand?
- Nous garderons les vélos jusqu'à samedi matin.

A LA LOCATION DE BATEAUX

- Je voudrais louer un bateau, s'il vous plaît.
- Voulez-vous un bateau à rames, à moteur ou à voile?
- Avez-vous un bateau à moteur?
- Bien sûr. Pour combien de personnes?
- Pour quatre personnes. Nous passerons l'après-midi sur le lac, et nous rentrerons ce soir vers 6 heures.

A LA LOCATION DE VOITURES

- Je voudrais louer une voiture.
- Quelle marque est-ce que vous désirez?
- Une Renault, si c'est possible.
- C'est possible. Vous garderez la voiture combien de jours?
- Deux jours seulement. Je laisserai la voiture au garage dimanche soir.
- Parfait. Est-ce que je peux voir votre permis de conduire? La location coûte €70 par jour.
- Je peux payer par chèque?
- Par chèque ou avec votre carte de crédit, comme vous voulez.

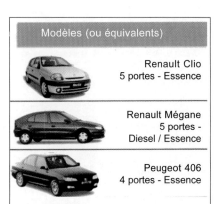

Modèles (ou équivalents)
Renault Clio 5 portes - Essence
Renault Mégane 5 portes - Diesel / Essence
Peugeot 406 4 portes - Essence

APPRENEZ L'ESSENTIEL

– Je voudrais louer une voiture / un vélo / une bicyclette / un bateau.

– Vous êtes combien de personnes?
– Nous sommes trois.

– Combien de jours est-ce que vous garderez les vélos?
– Nous garderons les vélos trois jours.

– Jusqu'à quand est-ce que vous garderez la voiture?
– Je garderai la voiture jusqu'à dimanche.

– Est-ce que je peux voir votre carte d'identité / votre passeport / votre permis de conduire?

– La location coûte €100 par jour / par semaine / par mois.

– Je peux payer par chèque / avec ma carte de crédit.

MATCH THE QUESTION AND ITS ANSWER.

Example: – Je peux voir votre passeport?
                – *Désolé, j'ai seulement une carte d'identité.*

1 Vous êtes combien de personnes?	A La location coûte seulement €15 par jour.
2 Vous voudriez louer deux vélos?	B Nous sommes un groupe de quatre.
3 C'est cher pour louer un vélo?	C Non. Nous voudrions un voilier.
4 Vous voulez louer un bateau à moteur?	D Si vous voulez. Ou avec votre carte de crédit.
5 Jusqu'à quand est-ce que vous gardez le bateau?	E Non. Avez-vous plutôt un tandem?
6 Quelles marques de voitures avez-vous?	F J'ai des Renaults, des Peugeots et des Citroëns.
7 Je peux vous payer par chèque?	G Nous rentrons au port ce soir à 8 heures.

ECOUTEZ

What are they hiring? How long will they keep it?

	They hire	They will return it
1	....	....
2	....	....
3	....	....
4	....	....
5	....	....

LA GRAMMAIRE

Le futur simple des verbes réguliers

The simple future is based on the infinitive of the verb. The following endings are then added: –ai, –as, –a, –ons, –ez, –ont. Note that these endings are similar to the verb AVOIR in the present tense.

Danser	Finir	Vendre
Je danserai	Je finirai	Je vendrai
Tu danseras	Tu finiras	Tu vendras
Il/elle dansera	Il/elle finira	Il/elle vendra
Nous danserons	Nous finirons	Nous vendrons
Vous danserez	Vous finirez	Vous vendrez
Ils/elles danseront	Il/elles finiront	Ils/elles vendront

Note: All groups in the future simple have an 'r' near the end.
In the group exemplified by VENDRE the final -e disappears.

Some expressions of time that control the future simple:

demain – la semaine prochaine – le mois prochain – l'été prochain
– l'année prochaine – mercredi prochain – dans cinq minutes
– dans trois jours – dans deux semaines – pendant mes prochaines vacances

Faire - Un verbe irrégulier

Je ferai
Tu feras
Il/elle fera
Nous ferons
Vous ferez
Ils/elles feront

L'été prochain, Jacques et moi nous ferons une excursion à bicyclette.

Ecrivez

In your copy conjugate the verbs CHANTER, PUNIR and
DESCENDRE in the future simple.

Chanter   Punir   Descendre

Ecrivez

Use the following expressions to write complete sentences in the
future tense.

> louer un bateau à voile – descendre la rivière en kayak – faire du
> camping – réserver un court de tennis – dormir jusqu'à
> 10 heures – partir en vacances – boire du jus d'orange – prendre
> le petit déjeuner au lit – finir à midi – jouer au foot

1) Demain matin, je _____

_____

2 Ce matin, nous _____

_____

3) Samedi prochain, toute la famille _____

_____

4   L'été prochain, les garçons _____

_____

5   Demain, nous _____

_____

6   Cet après-midi, Claudine et Pierre _____

_____

7   Au petit déjeuner, vous _____

_____

8   Après l'école, tu _____

_____

9   Ce soir, je _____

_____

10   Demain, nous_____

_____

Vacances de neige pour jeunes Parisiens

After reading the text <u>underline</u> all verbs in the future simple.

ODILE

Pendant les prochaines vacances de Pâques, ma classe passera dix jours à Bagnères dans les Pyrénées. Notre collège a organisé un échange avec une classe d'un collège là-bas. Les élèves de Bagnères arriveront le 10 avril à Paris, et nous prendrons le train pour les Pyrénées. Nous habiterons chez leurs parents, et ils habiteront chez nous. Ils visiteront les musées de la capitale, ils feront du lèche-vitrines et ils admireront les monuments historiques. Nous admirerons les montagnes et nous visiterons la région. Chaque matin, nous apprendrons les maths, le français, l'anglais, l'histoire, etc . . . comme à Paris. Mais chaque après-midi, nous ferons du ski et de la luge. Chaque soir, nous danserons à la disco: nous nous amuserons bien. Tous les élèves de ma classe ont hâte de quitter Paris pour aller à la montagne.

> là-bas – *over there*
> faire du lèche-vitrines – *window-shopping*
> avoir hâte de – *to look forward*

Répondez

1. What will happen on 10 April?
2. Explain all accommodation arrangements.
3. What will the young Parisians do every morning?
4. How will they spend the afternoons?

Mes prochaines vacances au bord de la mer

After reading the text <u>underline</u> all verbs in the future simple.

ANTOINE

L'été prochain, je passerai une quinzaine chez mon cousin Henri qui habite à Arcachon sur la côte atlantique. Je quitterai mon collège le 1er juillet, et je prendrai le train le lendemain. Je dormirai dans un wagon-couchette, et j'arriverai à Arcachon en bonne forme. Mon oncle et mon cousin m'attendront à la gare SNCF. Pendant mes vacances, je descendrai tous les jours à la plage. Comme il y a toujours du soleil en juillet, je me bronzerai, je nagerai dans la mer toute bleue. J'adore la pêche, alors Henri et moi, nous louerons de temps en temps un petit voilier et nous pêcherons des sardines dans la baie d'Arcachon. Le soir, nous grillerons nos poissons sur le barbecue. J'ai hâte d'arriver à la fin de l'école et de partir en vacances.

une quinzaine – *a fortnight*
le lendemain – *the next day*
la fin – *the end*
un voilier – *a sailing boat*

Répondez

Use part of the question and words from the text to write a complete answer.

1. Quand est-ce qu'<u>Antoine passera ses vacances chez Henri</u>?
2. Où <u>est située</u> <u>la ville d'Arcachon</u>?
         2   1
3. A quelle date est-ce qu'<u>Antoine prendra le train</u>?
4. Où est-ce qu'<u>Antoine descendra</u>   <u>tous les jours</u>?
              2   1
5. Qu'est-ce qu'<u>Henri et Antoine loueront</u>?
6. Qu'est-ce qu'<u>ils grilleront</u>   <u>au barbecue</u>?
            2   1

Ecoutez et Répétez

A LA RÉCEPTION DE L'HÔTEL

- Bonsoir, Madame. Avez-vous encore une chambre libre, s'il vous plaît?
- Oui, Monsieur. C'est pour combien de personnes?
- Pour deux personnes.
- Alors, une chambre double. Pour combien de nuits?
- Pour une nuit seulement.
- Voulez-vous une chambre avec douche ou avec bain-douche?
- Avec douche seulement. Je peux payer avec ma carte de crédit?
- Bien sûr. Ça fait €80, s'il vous plaît. Le petit déjeuner est compris.

A L'AUBERGE DE JEUNESSE

- Bonjour, Monsieur. Avez-vous encore des lits?
- Oui, Mademoiselle. Pour combien de personnes?
- Nous sommes cinq au total: trois filles et deux garçons.
- Vous restez combien de nuits?
- Nous voudrions rester deux nuits.
- Alors, cinq personnes pour deux nuits: ça fait €80,
- Voilà €80. Où sont les dortoirs, s'il vous plaît?
- Les dortoirs des filles sont au premier étage, les dortoirs des garçons sont au second. La salle de télévision est au rez-de-chaussée et la cuisine est au sous-sol.

AU TERRAIN DE CAMPING

- Bonsoir, Monsieur. Je voudrais un emplacement.
- C'est pour une tente ou pour une caravane?
- Pour une caravane.
- Et pour combien de personnes?
- Nous sommes quatre: deux adultes et deux enfants.
- Vous restez combien de jours?
- Nous voudrions rester une semaine, si c'est possible.
- C'est possible. Je vous donne l'emplacement 48: il se trouve à côté de la piscine.

APPRENEZ L'ESSENTIEL

– Avez-vous une chambre / des lits / un emplacement libre?

– C'est pour combien de personnes?
– Pour cinq personnes.

– Vous restez combien de nuits?
– Nous voudrions rester une nuit seulement.

– Je voudrais une chambre double avec douche / avec bain-douche.

– C'est pour une tente ou une caravane?
– Nous avons une tente et une caravane.

ECOUTEZ

Complete the grid with the required information.

	Number of people	Number of nights	Accommodation
At the hotel	....	....	....
At the youth hostel	....	....	....
At the camping site	....	....	....

LISEZ

Where are they?   Hotel? Youth Hostel? Camping site?
Who is speaking?   Receptionist? Tourist?
Answer using the correct capital letter in each case.

	H	Y	C	R	T
1 Je voudrais une chambre avec bain-douche					
2 Nous avons une petite caravane					
3 Le petit déjeuner est servi dans votre chambre.					
4 Notre dortoir est au deuxième étage.					
5 Je vous donne la chambre numéro 23.					
6 Notre tente est juste à côté de la piscine.					
7 Désolé, je n'ai plus de chambre libre.					
8 La salle de télé est en face du dortoir des filles.					

Au terrain de camping

Connect the building with its name.

les toilettes ☐ les douches ☐ le magasin ☐ le court de tennis ☐

le terrain de pétanque ☐ les poubelles ☐ la salle omni-sport ☐

la piscine ☐ la salle de jeux ☐ la salle de télévision ☐

les machines à laver ☐

Ecrivez

Complete each sentence with a word from the list in the *Lisez* on the opposite page.

1. Vous lavez vos vêtements dans _____

2. Vous mettez les vieux journaux et les bouteilles vides dans _____

3. Vous achetez ce que vous allez manger au _____

4. Vous faites de la gymnastique et de l'aérobique dans _____

5. Vous faites de la natation et du plongeon à _____

6. Vous jouez au babyfoot ou au billard dans _____

7. Vous vous lavez à l'eau chaude dans _____

8. Vous jouez aux boules sur _____

LA GRAMMAIRE

Demander la permission

The verb POUVOIR means either 'can' or 'may' (to be able to / to be allowed to).
It is often used to ask permission or to give permission.

POUVOIR

Je peux	Nous pouvons
Tu peux	Vous pouvez
Il/elle peut	Ils/elles peuvent

– Je peux fumer?

– Désolé, il est interdit de fumer.

– Est-ce que je peux aller aux toilettes, madame?

– Oui, tu peux aller aux toilettes, Stéphanie.

– Est-ce que je peux fermer la fenêtre? J'ai froid.

– Oui, bien sûr. Vous pouvez fermer la fenêtre.

– Est-ce que nous pouvons manger du chewing-gum en classe?

– Ah non ! Vous ne pouvez pas !

You will also hear: Puis-je ouvrir la fenêtre?

'Puis-je' is an archaic form of 'Peux-je'. ('Peux-je' is NEVER used.)

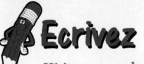 Ecrivez

Write a complete sentence to ask permission. Write a second sentence to say permission is granted (✔) or refused (X).

Example: – Ask your mother permission to watch the video. ✔
– *Maman, est-ce que je peux regarder la vidéo?*
Oui, tu peux regarder la vidéo.

1. Ask your father permission to go to the disco. ✔
   _____
   _____

2. Ask your mother permission to buy a sports magazine. ✔
   _____
   _____

3. Ask your teacher permission to eat your sandwich now. X
   _____
   _____

4. Ask your teacher permission to play football. ✔
   _____
   _____

5. Ask your mother permission to eat a piece of cake. X
   _____
   _____

6. Ask your mother permission to do your homework in the kitchen. ✔
   _____
   _____

7. Ask your employer permission to go home now. X
   _____
   _____

DIALOGUE

Demande à ton professeur la permission de . . .

– quitter l'école à trois heures cet après-midi.
– ouvrir la fenêtre parce que tu as chaud.
– boire un peu de limonade parce que tu as soif.
– passer un stylo à ton copain/ta copine.
– emprunter le livre de français de ton copain.
– sortir de l'école pendant le déjeuner.
– aller au magasin pendant la récréation.

Naturellement, ton professeur te donne la permission ou refuse: ça dépend de ce que tu lui demandes. (Ton partenaire peut jouer le rôle du professeur)

Écoutez et Lisez

A L'AGENCE 'GÎTES DE FRANCE'
Listen to the dialogue and then write in the missing words.

– Bonjour, Madame. Je voudrais _____ un gîte dans la région du Mont-Saint-Michel.
– Oui, Monsieur. C'est pour quelle période?
– Pour le début de juillet. Nous _____ prendre nos vacances du _____ jusqu'au 20 juillet.
– Je suis désolée, Monsieur. Tous nos gîtes sont occupés pour cette période.
– C'est vraiment dommage. Avez-vous peut-être un gîte en _____ ou en Bretagne pour cette période?
– Voyons . . . Oui, nous avons un gîte pour _____ personnes du 5 au 25 juillet dans la région de Saint Mâlo.
– C'est parfait. Nous sommes six dans la famille. Est-ce que vous _____ faire la réservation maintenant, s'il vous plaît?
– Tout de suite, Monsieur.

Cherchez la phrase qui signifie

1. A holiday cottage
2. The beginning of July
3. I am sorry
4. It's a real pity
5. Let's see
6. That's perfect

LISEZ •••• • • • • • • • • • • • •

READ ALOUD THE FOLLOWING SENTENCES.

Example: – Je passerai deux semaines à Paris 1/7 – 15/7.
– *Je passerai deux semaines à Paris du*
premier juillet jusqu'au quinze juillet.

– Pierre travaillera dans le jardin 3.30 – 6.00.
– *Pierre travaillera dans le jardin de*
trois heures et demie jusqu'à six heures.

1   Les filles joueront au tennis 2.15 – 4.30.

2   Je lirai mon journal 8.45 – 9.15.

3   Michel fera ses devoirs 5.00 – 7.30.

4   Nous travaillerons bien à l'école 1/9 – 8/6.

5   Mes vacances de Noël dureront 21/12 – 6/1.

6   La famille Perrier louera un gîte 15/8 – 30/8.

7   Le magasin restera ouvert 9.00 – 18.30.

8   Nous passerons nos vacances en Italie 2/8 – 15/8.

DIALOGUE

A L'AUBERGE DE JEUNESSE
All the underlined words are variable. Replace them to produce a different dialogue.
– Bonjour, Monsieur. Avez-vous encore des lits, s'il vous plaît?
– Oui, Mademoiselle. Pour combien de personnes?
– Nous sommes cinq au total: trois filles et deux garçons.
– Vous restez combien de nuits?
– Nous voudrions rester deux nuits.
– Alors, cinq personnes pour deux nuits: ça fait €100.
– Voilà €100. Où sont les dortoirs, s'il vous plaît?
– Les dortoirs des filles sont au premier étage, les dortoirs des garçons sont au second. La salle de télévision est au rez-de-chaussée et la cuisine est au sous-sol.

LISEZ

Une Lettre

St Jean-de-Luz, le 5 juillet.

Chère Dominique,

Mes parents et moi passons nos vacances dans le Pays Basque, entre les Pyrénées et la Côte Atlantique. Nous avons installé notre caravane hier sur ce terrain de camping formidable: il a trois étoiles et nous avons tout le confort moderne, comme à la maison. Nous sommes à 200m de la mer et nous voyons les montagnes.

Nous passerons une semaine ici, ensuite nous descendrons vers l'Espagne parce que Maman voudrait visiter San Sebastian et Bilbao qu'elle ne connaît pas. Moi, j'aimerais rester ici car j'ai déjà rencontré une copine: elle s'appelle Maria. Elle est la fille du propriétaire du camping et elle est très sympa.

Aujourd'hui, j'ai passé une heure à la piscine, j'ai joué au ping-pong avec ma nouvelle copine. Nous avons fait du lèche-vitrines à St Jean-de-Luz, mais je n'ai rien acheté. Ce soir, nous regarderons un jeu de pelote basque. Je n'ai jamais vu ça, et je suis curieuse de voir ça.

Demain, nous louerons des mobylettes pour faire un tour dans la région. Nous préparerons un pique-nique et nous partirons de bonne heure. J'espère qu'il fera beau, mais la météo a annoncé des nuages.

Je te souhaite de bonnes vacances. Je t'écrirai de Bilbao.

Amitiés,

Karine

Répondez

1. When did the family arrive at the campsite?

2. How long will they stay in St Jean-de-Luz?

3. Why does Karine's mother want to see San Sebastian and Bilbao?

4. Why would Karine like to stay at the campsite?

5. What did she do today?

6. What will she and her friend do tomorrow?

7. What will the weather be like?

Find two verbs in the present, three in the future and four in the 'passé composé'.

Ecrivez

Your friend Simon/Simone is coming to spend two weeks with you. Write him/her a short letter saying that:

– you have made plans for the holidays,
– he/she will meet your friends,
– together you will visit the historical monuments in your town,
– you will go window shopping,
– you will hire bicycles and travel around Ireland,
– he/she will enjoy him/herself.

ON S'AMUSE

Find the letters that spell a new word.

		vrai	faux
1	Le camping est fermé en hiver.	B	L
2	Le camping est loin du centre ville.	O	A
3	Les enfants ont un terrain de jeux.	L	P
4	Il n'est pas possible de jouer aux boules.	T	A
5	On peut envoyer un Fax pour réserver.	N	M
6	Les handicapés sont admis sur le camping.	Ç	S
7	Il n'y a pas de boulangerie sur le camping.	U	O
8	Les chiens en liberté sont acceptés.	E	I
9	Toutes les tentes et caravanes sont au soleil.	G	R
10	On ne peut pas louer de chalet.	S	E

1	
2	
3	
4	
5	
6	
7	
8	
9	
10	

Au terrain de jeux, les enfants s'amusent sur une _ _ _ _ _ _ _ _ _ _.

Unité 6

Je voudrais faire un échange avec toi

La meilleure manière d'apprendre une langue étrangère, c'est de parler cette langue: écouter et parler avec un ami étranger. On peut passer les vacances dans le pays, travailler dans un camp de jeunesse, travailler au pair dans une famille. On peut aussi passer quelques semaines dans une école française. La solution idéale, c'est de faire un échange. Tu connais déjà ton partenaire (en général, c'est ton correspondant), ça ne coûte pas cher (il faut seulement payer le voyage), et tu fais partie de la famille. Quand ton séjour est terminé, ton partenaire revient en Irlande avec toi et vous changez les rôles.

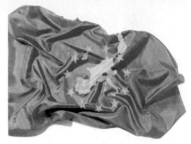

la manière – *the manner / the way*
le pays – *the country*
faire partie de – *to be part of*

In this chapter you will learn how to:

- list the countries of the European Union
- say with whom you would like to do an exchange
- organise an exchange with your pen-pal
- speak about your plans for the coming holidays.

In the grammar section you will learn about:

- how to use names of countries and towns
- irregular verbs in the future.

You will also revise:

- expressions of frequency
- DEPUIS.

Écoutez et Répétez

1
– Moi, j'ai un correspondant belge. Je lui écris en français.

– J'ai une correspondante suisse. Elle parle français et allemand.

– J'ai une correspondante américaine. Elle m'écrit en anglais.

– Mon correspondant est mexicain. Toutes ses lettres sont en espagnol.

– Mon correspondant est portugais, mais il m'écrit en français.

2
- Daniel, tu as un correspondant anglais?
- Non. J'ai un correspondant, mais il n'est pas anglais. Il est irlandais. Il s'appelle Darren.
- Tu lui écris en français ou en anglais?
- Je lui écris moitié en français, moitié en anglais.

Darren

3

Olga

- Catherine, tu apprends l'allemand au collège, n'est-ce pas?
- Oui, j'apprends l'allemand depuis trois ans. J'ai une correspondante allemande. Elle s'appelle Olga et elle habite à Cologne.
- Est-ce que tu lui écris en allemand?
- Oui, de temps en temps. Je lui écris aussi en français. Elle m'écrit toujours en allemand. Je crois que son français n'est pas très bon.

4
- Aurélie, comprends-tu l'espagnol?
- Pas très bien, mais j'aimerais aller en Espagne pour apprendre l'espagnol.
- As-tu une correspondante en Espagne?
- Oui. Elle s'appelle Juanita et elle habite à Malaga.
- Voudrais-tu faire un échange avec elle?
- Sûrement! J'aimerais bien passer un mois sur la Costa del Sol.

Juanita

APPRENEZ L'ESSENTIEL

- J'apprends des langues étrangères: le français, l'espagnol, l'allemand.

- J'ai un(e) correspondant(e) français(e) / allemand(e) / espagnol(e).

- Je lui écris
  - toujours
  - souvent
  - la plupart du temps
  - de temps en temps
  - rarement
  en français

- J'aimerais passer un mois en France.

- J'aimerais aller en France pour apprendre le français.

LISEZ •••••••••••••••••••••

LES PAYS DE L'UNION EUROPÉENNE ET LEURS HABITANTS.

1	L'Allemagne	— un-e Allemand-e
2	L'Autriche	— un-e Autrichien-ne
3	La Belgique	— un-e Belge
4	Le Danemark	— un-e Danois-e
5	L'Espagne	— un-e Espagnol-e
6	La Finlande	— un-e Finnois-e
7	La France	— un-e Français-e

8   La Grande-Bretagne — un-e Britannique
      (L'Angleterre   — un-e Anglais-e)
      (L'Ecosse   – un-e Ecossais-e)
      (Le Pays de Galles   – un-e Gallois-e)
 9 La Grèce   — un-e Grec-que
10 L'Irlande   — un-e Irlandais-e
11 L'Italie   — un-e Italien-ne
12 Le Grand Duché du Luxembourg — un-e Luxembourgois-e
13 Les Pays-Bas (La Hollande)   — un-e Hollandais-e
14 Le Portugal   — un-e Portugais-e
15 La Suède   — un-e Suédois-e

La Norvège et la Suisse ne font pas partie de l'Union Européenne.
La Hongrie, la Pologne et la Turquie voudraient faire partie de l'Union
Européenne.

ECOUTEZ

Eric Noblat nous parle de son correspondant. Complete his
details with information heard from the recording.

Family name: . . . .
Christian name: . . . .
Nationality: . . . .
Address: . . . .
Age: . . . .
Birthday: . . . .
Height: . . . .
Colour of eyes: . . . .
Colour of hair: . . . .
Sports: . . . .
Hobbies: . . . .
How long he has
   studied French: . . . .
How often he writes: . . . .
In which language: . . . .

LA GRAMMAIRE

Les noms de pays et de villes

The majority of names of countries end with an -E and are feminine.

la France	en France	à Paris
l'Irlande	en Irlande	à Dublin
l'Italie	en Italie	à Rome
l'Allemagne	en Allemagne	à Berlin

There is one exception:

le Mexique	au Mexique	à Mexico

The names of countries that do not end with an -E are masculine.

le Japon	au Japon	à Tokyo
le Brésil	au Brésil	à Brasilia
le Portugal	au Portugal	à Lisbonne
le Canada	au Canada	à Ottawa

Two names of countries are plural.

les Etats-Unis	aux Etats-Unis	à Washington
les Pays-Bas	aux Pays-Bas	à La Hague

DIALOGUE

You and your friend organise a quiz about European countries.
Use the following expressions to ask questions.

– Comment s'appelle la capitale du / de la / des _____ ?
– Comment s'appellent les habitants du / de la / des _____ ?
– Dans quel pays habitent les _____ ?
– Quelle(s) langue(s) est-ce qu'on parle en / au / aux _____ ?

Always answer each question with a complete sentence.

FRANÇOIS

Je m'appelle François Rodriguez et j'ai 15 ans. Je suis né à Vichy, et j'habite encore à Vichy dans le centre de la France. Je suis moitié français et moitié espagnol parce que mon père est espagnol et ma mère est française. J'ai deux passeports. A la maison, nous parlons la plupart du temps français, mais j'aime parler espagnol avec mon père et ma petite soeur. J'ai beaucoup de famille en Espagne, dans la région de Barcelone. J'écris souvent à mes oncles, mes tantes et mes cousins, mais je trouve que les lettres sont difficiles parce que je fais beaucoup de fautes d'orthographe. Je préfère téléphoner, c'est plus rapide. En plus de l'espagnol, je parle aussi anglais. J'ai commencé à apprendre l'anglais à l'école primaire, à l'âge de 8 ans. Je comprends et je parle assez bien parce que j'ai fait deux échanges avec mon correspondant Brendan qui habite à Youghal dans le sud de l'Irlande. Je lui écris en français ou en anglais: ça dépend de mon humeur. L'été prochain, je ferai un troisième échange avec Brendan et mon anglais sera impeccable.

> encore – *still*
> l'orthographe – *spelling*
> en plus de – *in addition to*

Répondez

1. How does François explain his two passports?
2. With whom does he speak Spanish?
4. Why does he dislike writing letters?
5. Where and when did he start learning English?
6. Why is François's English so good?

Ecrivez

Imagine that you have a French-language pen-pal. Write a paragraph about him/her. Tell us about:
  – his/her identity (name – age – birthday)
  – his/her family (parents' jobs – brothers – sisters – pets)
  – his/her appearance,
  – where he/she lives,
  – his/her sports / hobbies / collections,
  – how often and in which language(s) you write to each other.

Ecrivez

Write a complete sentence containing the word DEPUIS and an expression of time.

Example: – Il est deux heures et demie. Pierre a commencé à faire ses devoirs à 2 heures.
– *Pierre fait ses devoirs depuis une demi-heure.*

1. Il est six heures. Les filles ont commencé à jouer au tennis à 4 heures.

   _____

2. Aujourd'hui, c'est jeudi. Sophie a commencé à travailler au supermarché lundi matin.

   _____

3. Aujourd'hui, c'est le 10 juillet. Nos vacances ont commencé le 10 juin.

   _____

4. Nous sommes en mai. J'ai commencé à réviser en février pour mon examen.

   _____

5. Il est minuit vingt. Michel a commencé à danser avec Sophie à minuit.

   _____

6. M. Lambert a changé de maison en 1997. Maintenant, il habite à Paris.

   _____

Écoutez et Répétez

DEUX CONVERSATIONS TÉLÉPHONIQUES

1
- Allô, je voudrais parler à Kevin, s'il vous plaît.
- It's me. Euh . . . C'est moi. Qui est à l'appareil?
- Salut, Kevin. C'est moi, Daniel.
- Ah, quelle bonne surprise! Bonjour, Daniel. Pourquoi est-ce que tu me téléphones?
- Voudrais-tu faire un échange avec moi cet été?
- Bien sûr! Avec plaisir!
- Quand est-ce que tu viendras en France?
- Je serai en vacances après mon examen. Je pourrai aller en France en juillet.
- D'accord. Et moi, j'irai en Irlande en août. Ce sera parfait.

93

2

- Alors, tu arriveras en France le 4 juillet. Est-ce que tu viendras en avion ou par le ferry?
- Je prendrai l'avion à l'aéroport de Shannon et j'arriverai à l'aéroport Paris-Charles de Gaulle à 11 heures et demie du matin. Tu as noté?
- Oui, j'ai noté. Arrivée le 4 juillet à 11 h 30.
- Est-ce que tu pourras venir me chercher à l'éroport?
- Pas de problème. Ma mère et moi, nous irons te chercher à ton arrivée. Je serai heureux de te rencontrer.

APPRENEZ L'ESSENTIEL

– Je serai en vacances en juillet et août.

– J'aurai deux mois de vacances seulement.

– Je pourrai passer trois semaines chez toi.

– Je viendrai en avion / Je prendrai le ferry.

– Est-ce que tu viendras me chercher à l'aéroport?
– Oui, j'irai te chercher quand tu arriveras.

ECOUTEZ

Lorna téléphone à Sandrine pour lui annoncer son arrivée en France.

LORNA will travel by: . . . .
Town of arrival: . . . .
Date of arrival in France: . . . .
Time of arrival: . . . .
Will go to Paris by: . . . .
Time of arrival in Paris: . . . .

Eamon téléphone à Grégoire.

EAMON will travel by:
Town of arrival: . . . .
Date of arrival in France: . . . .
Time of arrival: . . . .
Will go to Morlaix by: . . . .
Probable arrival time at pen-pal's house: . . . .

 ───── **LA GRAMMAIRE** ─────

Les verbes irréguliers au futur simple

A few verbs have irregular stems in the future. The '-R-' common to all verbs in the future is still here. Their endings are those future endings which you already know:

-ai, -as, -a, -ons, -ez, -ont.

Aller	J'irai	(I will go)
Avoir	J'aurai	(I will have)
Courir	Je courrai	(I will run)
Devoir	Je devrai	(I will have to)
Envoyer	J'enverrai	(I will send)
Etre	Je serai	(I will be)
Faire	Je ferai	(I will do/make)
Falloir	Il faudra	(It will be necessary)
Mourir	Je mourrai	(I will die)
Obtenir	J'obtiendrai	(I will obtain/get)
Pouvoir	Je pourrai	(I will be able to/be allowed to)
Recevoir	Je recevrai	(I will receive)
Savoir	Je saurai	(I will know)
Venir	Je viendrai	(I will come)

J'irai à la chasse
avec mon chien.

(also Devenir to become
       Revenir to come back
       Tenir   to hold)

Voir	Je verrai	(I will see)
Vouloir	Je voudrai	(I will want)

Ecrivez

Write a sentence using the expressions below.

avoir très faim – être fatigué – être en bonne forme – aller au supermarché – être grand – avoir mal aux yeux – aller à la plage – voir des girafes – être un grand succès – avoir une poupée – courir dans le parc – faire de l'équitation

(1) Pendant mes vacances, je _____

_____

2   Avant le dîner, nous _____

_____

(3) Samedi matin, vous _____

_____

4   Si tu lis le journal, tu _____

_____

(5) Pour son anniversaire, Christine _____

_____

6   Je ferai un gâteau et il _____

_____

7 Après ton entraînement, tu _____

_____

8 Pendant leurs vacances, les enfants _____

_____

9 Au petit déjeuner, j' _____

_____

10 Si tu manges ta soupe, tu _____

_____

11 Au zoo, nous _____

_____

12 Si nous prenons de l'exercice, nous_____

_____

97

Ecrivez

Write in the correct form of the verb.

1 (aller) Demain, les jeunes .... au village.

2 (être) Ce soir, vous .... fatigués.

3 (venir) Nous .... te voir demain soir.

4 (avoir) Si Paul conduit trop vite, il .... un accident.

5 (recevoir) Vous .... ma lettre dans deux jours.

6 (faire) Je .... mes devoirs après le film.

7 (savoir) Si tu vas à la disco, tu ne .... pas ta leçon.

8 (pouvoir) Si nous travaillons, nous .... avoir de l'argent.

9 (voir) Demain au théâtre, nous .... une pièce de Shakespeare.

LISEZ

Le Guide des Séjours Linguistiques

Ce Guide des Séjours Linguistiques à l'étranger a été créé par une équipe de professeurs de langues modernes. Le Guide vous propose une grande variété de séjours linguistiques dans des écoles et des familles en Irlande, en Angleterre, en Ecosse, à Malte, aux Etats-Unis, au Canada, en Allemagne et en Espagne. Les étudiants français et d'autres nationalités étudient ensemble.

Vacances de printemps et d'été. Toute l'année.

***

Départ par avion de Paris et des principales villes de province.

Pour recevoir notre brochure, écrivez à:
Séjours Linguistiques,17, rue Cavendish – 75019 Paris.Tél: 42.40.29.00 – Fax 42.40.93.75.

Répondez

1. Who created this guide?
2. Which countries can the students visit?
3. Who attends the courses?
4. How do the students travel?
5. What would you receive if you wrote to the given address?

98

LISEZ

Deux lettres

Avignon, le 20 avril.

Chère Clodagh,

Je te remercie de ta dernière lettre: tu as répondu très vite à ma carte postale envoyée de Paris pendant le voyage scolaire. J'ai adoré visiter tous les monuments historiques de la capitale. Je suis montée au troisième étage de la Tour Eiffel (en ascenseur, bien sûr!), j'ai admiré le portait de Mona Lisa par Léonard de Vinci au Louvre et j'ai visité Notre-Dame (mais je n'ai pas vu Quasimodo). Je suis certaine que tu aimerais visiter Paris, toi aussi.

Hier soir, j'ai parlé avec mes parents de la possibilité de faire un échange avec toi pendant les prochaines vacances d'été. Ils savent que j'adore parler anglais et que j'ai de bons résultats dans cette matière à l'école. Alors ils sont d'accord: ils m'ont donné la permission de t'inviter chez nous quand tu seras en vacances. J'espère que tu pourras faire cet échange avec moi. Après une année de correspondance avec toi, je voudrais te rencontrer.

Parle de cette idée à tes parents et réponds-moi vite.

Ton amie,

Christine.

Répondez

1. With whom did Christine go to Paris?
2. What did she do at the Eiffel Tower?
3. Which other monuments did she visit?
4. When would she like to organise an exchange with Clodagh?
5. Why did Christine's parents agree to the exchange?
6. How long have Christine and Clodagh been pen-pals?

Clodagh a répondu à Christine. Voici sa réponse.

Wicklow, le 1er mai.

Chère Christine,

Merci beaucoup de ton invitation. J'ai parlé de ton idée à ma mère et elle est d'accord pour l'échange cet été. Maintenant elle doit convaincre mon père. Ce ne sera pas trop difficile. Moi, je suis très contente parce que je vais te rencontrer.

Comme tu sais, mon école finira le 24 juin parce que j'ai un examen cette année. Après ça, je serai en vacances jusqu'au premier septembre. Je pourrai aller en France immédiatement après la fin de l'examen.

Je prendrai l'avion le 25 juin. De Paris, je prendrai le train à la Gare de Lyon et j'arriverai à Avignon à 17 heures 45. J'espère que tu pourras venir me chercher à la gare. Je serai très heureuse de te voir.

Bien des choses de ma part à tes parents.

A bientôt.

Ton amie,

Clodagh.

Répondez

1. With whom did Clodagh talk about the exchange?
2. Who remains to be convinced?
3. Why is Clodagh happy?
4. Why will her school end on 24 June?
5. How long will her holidays last?
6. When can she go to France?
7. What will she do in Paris?
8. Where does she hope to meet Christine?

Ecrivez

Use the example as a model to translate the sentences below.

Example: – Catherine / will collect / her friend / at the railway station.
– Catherine / ira chercher / son amie / à la gare.

1   I / will collect / my parents / at the airport.
2   We / will collect / our brother / after school.
3   You / will collect / your sister / after the party.
4   His mother / will collect / Henri / at the bus-stop.

Example: – Henri / will come / and collect / me / at the swimming pool.
– Henri / viendra / me / chercher / à la piscine.

1   I / will come / and collect / you / at the airport.
2   You / will come / and collect / us / after school.
3   Patrick / will come / and collect / you / after the party.
4   You / will come / and collect / me / at the bus-stop.

D I A L O G U E

A is a French boy/girl. B is an Irish boy/girl.

–   A invites B to come to France for the holidays.
–   B says that s/he accepts A's invitation.
–   A wants to know when B will be on holidays.
–   B is on holidays from 10 June.
–   A asks how B will travel to France.
–   B will go by plane. S/he will arrive on 15 June.
–   A wants to know at what time B will arrive.
–   B will arrive at 11.15 in the morning. B wants to know if A can
    come and collect him/her at the airport.
–   A answers s/he can. S/he will go to the airport with his/her
    father/mother.

Ecrivez

Write in the missing word indicating the country, the nationality or the language in each of the following sentences.

1. Mon amie Giovanna habite à Rome, la capitale de l'I_____
   Giovanna est i_____ et elle parle I_____ .

2. Juliette, ma correspondante, est b_____ . Elle habite à Bruxelles, la capitale de la B_____ . Elle parle Flamand et F_____

3. Rodrigo habite à Barcelone, dans le nord-est de l'E_____ Il parle E_____ et Catalan. Il a un correspondant i_____ qui habite à Galway: ils s'écrivent en A_____ .

4. Léonie est c_____. Elle habite à Montréal, la capitale de la province du Québec au C_____ . Léonie parle F_____ et A_____

5. Ma correspondante s'appelle Cheryl et elle habite à New York aux E_____ . Je lui écris moitié en F_____ et moitié en A_____ .

ON S'AMUSE

Write the name of of the country each flag belongs to and discover a new word (vertical).

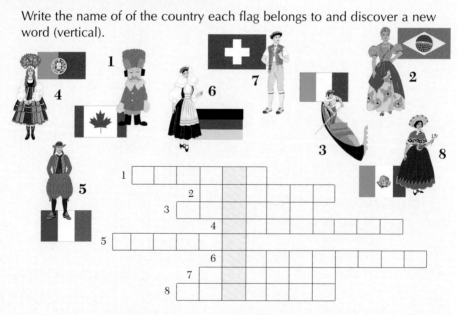

Les _ _ _ _ _ _ _ _ irlandais, français et italien sont tricolores, c'est-à-dire qu'ils ont trois couleurs.

Unité 7

Désolé, votre train est déjà parti

La SNCF, c'est la Société Nationale des Chemins de Fer. Sa fierté est que tous les trains français partent et arrivent à l'heure exacte prévue par l'horaire.

Le TGV, le Train à Grande Vitesse, est une autre fierté de la SNCF. C'est le train le plus rapide du monde. Le premier TGV a été construit en 1981, et il roule à une vitesse de 300 km/h. Maintenant le réseau TGV couvre toute la France. La SNCF construit aussi le TGV européen.

A Paris, les employés qui vont au travail et les touristes qui veulent visiter les monuments historiques prennent le Métro. Le Métropolitain (c'est son nom complet) est un réseau souterrain qui traverse Paris du nord au sud, et d'est en ouest. A Lyon et à Marseille, il y a aussi un Métro. A Lille, le Métro est entièrement automatique: il n'y a pas de chauffeur et le train est contrôlé par un ordinateur.

la fierté – *the pride*
partir – *to leave*
le réseau – *the network*
souterrain – *underground*

In this chapter you will learn how to:
– list the countries of the European Union
– buy a railway ticket
– ask for information at the station
– enquire about flight departures and arrivals.

In the grammar section you will learn about:
– the verbs with auxiliary ETRE in the passé composé
– how to form adverbs from adjectives.

You will also revise:
– some irregular past participles.

Ecoutez et Répétez

1 POURQUOI PRÉFÉREZ-VOUS VOYAGER EN TRAIN?

- Je prends le train parce que c'est rapide, confortable et bon marché.

- Je voyage avec la SNCF parce que les trains partent et arrivent toujours à l'heure exacte.

- J'aime voyager en train parce que je trouve les voyages en auto trop longs et fatigants.

- Je voyage en train pour me détendre. Quand je voyage de nuit, je peux prendre une couchette et dormir.

- Le train est un moyen de transport très sûr et très écologique. Le train électrique ne produit pas de pollution.

2 AU GUICHET

- Vous désirez, Monsieur?
- Je voudrais un billet pour Paris.
- Un aller simple ou un aller-retour?
- Un aller simple, s'il vous plaît.
- En quelle classe?
- En seconde classe.
- En compartiment fumeur ou non-fumeur?
- Je ne fume pas.
- Voilà, Monsieur. Ça fait €60, s'il vous plaît.

bon marché – *cheap*
toujours – *always*
se détendre – *to relax*

104

3

— Bonjour, Madame. Qu'y a-t-il pour votre service?
— Je voudrais réserver deux places dans le train de Bordeaux, s'il vous plaît.
— Oui, Madame. A quelle date?
— Nous partons le 15 avril.
— Très bien. Aller simple ou aller-retour?
— Nous rentrons le 20. Deux billets aller-retour, s'il vous plaît.
— En seconde classe?
— Non, en première et en compartiment non-fumeur. Ça fait combien?
— Ça fait €150 au total.

4 ## AU BUREAU DES RENSEIGNEMENTS

— Pardon, Madame. Je voudrais un renseignement, s'il vous plaît.
— Oui, bien sûr.
— Le prochain train pour Paris part à quelle heure, s'il vous plaît?
— Il part à 10 heures 25.
— Il part de quel quai?
— Du quai numéro 7, Monsieur.
— C'est direct?
— Non, Monsieur. Il faut changer à Chartres.
— Merci bien. Il arrive à quelle heure?
— Il arrive à Paris à midi quarante.

5 ## DANS LE COMPARTIMENT

— Pardon, Madame. Cette place à côté de la fenêtre, elle est occupée?
— Non. Il n'y a personne. Ça vous dérange que j'ouvre la fenêtre?
— Allez-y. Il fait trop chaud dans ce compartiment.
— Vous permettez que je fume?
— Ça non! C'est un compartiment non-fumeur ici.
— Ah bon. Je vais fumer dans le couloir, alors.

Allez-y – *Go ahead*
le couloir – *the corridor*

APPRENEZ L'ESSENTIEL

Un aller simple – en seconde classe – en compartiment non-fumeur.
Un aller-retour – en première classe – en compartiment fumeur.

– Je voudrais un renseignement.

– Le prochain train pour Paris part à quelle heure?
– Il part à 3 heures 20.

'PARTIR' is an irregular verb in the present tense:

> Je par**s**
> Tu par**s**
> Il/elle part
> Nous part**ons**
> Vous part**ez**
> Ils/elles part**ent**

Note: – Le train part de Paris à midi.
– Je pars de la maison à 8 heures.
– Les enfants partent du collège après la classe.

– Le train arrive à Paris à quelle heure?
– Arrivée à 5 heures et demie.

– Le train part de quel quai?
– Il part du quai numéro 4.

– C'est direct?
– Non, ce n'est pas direct. Il faut changer à Lyon.

ECOUTEZ

Quels billets est-ce qu'ils achètent? Write down the information that corresponds to the tickets the passengers are buying.

Billet : AS / A-R   Classe : 1 / 2   Compartiment : F / NF

	Billet(s)	Classe	Compartiment
Grenoble	....	....	....
Toulouse	....	....	....
Cherbourg	....	....	....
Calais	....	....	....
Dijon	....	....	....

ECOUTEZ

Le train part à quelle heure? De quel quai? Il faut changer? Il arrive à quelle heure? Fill in the required information.

	Départ?	Quai?	Changer?	Arrivée?
Paris	....	....	....	....
Poitiers	....	....	....	....
Rennes	....	....	....	....
Caen	....	....	....	....
Orléans	....	....	....	....

LISEZ

MATCH THE PICTURES TO THE WORDS BELOW.

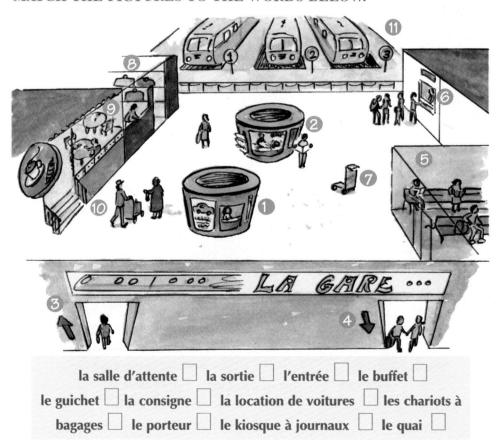

la salle d'attente ☐ la sortie ☐ l'entrée ☐ le buffet ☐
le guichet ☐ la consigne ☐ la location de voitures ☐ les chariots à
bagages ☐ le porteur ☐ le kiosque à journaux ☐ le quai ☐

Ecrivez

Use the following information to write dialogues between an employee of the SNCF and passengers buying train tickets.

A

- Two return tickets
- Destination: Marseille
- 1st class
- non-smoker
- Change in Lyon
- Departure: 11.30
- Platform: 2
- Total: €300

B

- Three single tickets
- Destination: Strasbourg
- 2nd class
- Direct
- Departure: 7.20
- Platform: 3
- Arrival: 11.05
- Total: €240

LA GRAMMAIRE

Auxiliaire ETRE au passé composé

A limited number of verbs use the auxiliary ETRE instead of AVOIR in the passé composé. Learn the list off by heart. To remember them easily think of the phrase MR DAMPP'S TAVERN.

(Another easy way of learning this list is by pairing off verbs: entrer/sortir – aller/venir – monter/descendre – arriver/partir – etc.)

Monter	(to go up)	– Marie est montée au 3ème étage de la Tour Eiffel.
Rester	(to stay)	– Hier, Marie et Sophie sont restées à la maison.
Descendre	(to go down)	– Je suis descendu chercher du vin à la cave.
Aller	(to go)	– Samedi dernier, les garçons sont allés au cinéma.
Mourir	(to die)	– Le chien a attaqué mon petit chat et il est mort.
Partir	(to leave)	– Tous les trains sont partis à l'heure.
Passer	(to pass by)	– L'autobus est passé il y a cinq minutes.

Sortir	(to go out)	– Sophie est sortie avec Michel.
Tomber	(to fall)	– Est-ce que tu es tombée de ton vélo, Sophie?
Arriver	(to arrive)	– Vous êtes arrivés en retard, les enfants?
Venir	(to come)	– Marie est venue m'offrir des fleurs.
Entrer	(to go in)	– Michel est entré dans ma chambre sans frapper.
Retourner	(to go back)	– Après le film, nous sommes retournés à la maison.
Naître	(to be born)	– Je suis née à Paris en 1990.

Note: the Past Participle agrees in number (singular or plural) and gender (masculine or feminine) with the subject of the verb.

- Michel dit: 'Je suis **allé** à la disco avec Sophie.'
- Sophie dit: 'Je suis **allée** à la disco avec Michel.'

- Est-ce que **tu es venu** en taxi, Michel?
- Est-ce que **tu es venue** en taxi, Sophie?

- Nous, les garçons, nous sommes **restés** au lit.
- Nous, les filles, nous sommes **restées** au lit.

(And remember, even though the spelling changes, the pronunciation does not.)

Ecrivez

Où est-ce qu'ils sont allés? Write a complete sentence in the passé composé using the following expressions.

rester dans un hôtel de luxe – descendre au fond de la mer – descendre à la cave – monter dans le petit train – aller en Amérique – arriver le premier – sortir du magasin – tomber de vélo – rester à la plage – monter au sommet de la montagne – aller à la pêche en mer

(1) David _____

_____

2   Pendant ses dernières vacances, Papa

_____

3. Nous _____

4. Est-ce que vous _____ ?

5. Pierre et Paul _____

6. Toute la famille _____
_____

7. Après ses achats, Monique _____
_____

8. Hier, nous _____
_____

9. L'an dernier, Sophie _____
_____

10 Grand-père _____

_____

(11) Arthur _____

_____

Ecrivez

Write the verb in the correct form.

(1) (Aller) Michel parle: 'Hier, je _____ au restaurant.'

2 (Naître) Sophie et Alice _____ à Paris.

(3) (Partir) Mon train _____ à l'heure précise.

4 (Monter) Caroline parle: 'Je _____ au troisième étage.'

(5) (Tomber) Pierre et Joseph _____ de leurs bicyclettes.

6 (Arriver) Est-ce que tu _____ en avance, Sophie?

(7) (Entrer) Catherine et Marie _____ au cinéma sans payer.

8 (Venir) Pierre et Michel parlent: 'Nous _____ en autobus.'

(9) (Mourir) La perruche de Lucie _____ de vieillesse.

10 (Descendre) Catherine _____ à la gare de Bordeaux.

(11) (Retourner) Les filles _____ à l'école le 1er septembre.

12 (Sortir) Pierre parle: 'Samedi soir, je _____ avec Marie.'

III

UNDERLINE ALL VERBS WHICH USE AUXILIARY ETRE IN THE PASSÉ COMPOSÉ.

M. Laforge

POUR ALLER à l'usine de chaussures où il travaille, Monsieur Laforge sort de chez lui à 7 heures tous les matins. D'abord, il doit prendre l'autobus jusqu'à la gare SNCF, puis l'omnibus jusqu'à son usine. Hier matin, il est sorti de chez lui à 7 h 15 (ce n'est pas sa faute: son réveil n'a pas sonné) pour aller à l'arrêt d'autobus. Evidemment, l'autobus n'a pas attendu et il est parti sans Monsieur Laforge. Attendre une demi-heure le prochain autobus? Impossible. Monsieur Laforge est retourné à son appartement où il a téléphoné à un taxi.

Le taxi est arrivé cinq minutes plus tard et il est parti à toute vitesse en direction de la gare. Malheureusement, le taxi est resté coincé dans les embouteillages au centre-ville. Il est arrivé à la gare trois minutes après le départ du train. Monsieur Laforge est devenu blanc de rage. Il est entré dans la première cabine téléphonique et, désespéré, il a appelé son directeur:

'Je suis vraiment désolé, Monsieur Cartier, mais j'ai une forte grippe et je ne peux pas venir travailler aujourd'hui. Je ferai mon possible pour venir travailler demain matin.'

une usine – *a factory*	un embouteillage – *a traffic jam*
évidemment – *obviously*	devenir – *to become (conjugates*
sans – *without*	*like VENIR)*
coincé – *stuck*	

Répondez

1. How does M. Laforge go to work?
2. Why did he leave his flat later than usual?
3. How long would he have to wait for the next bus?
4. Why did he arrive late at the station?
5. What excuse did he give for not coming to work?

Ecrivez

UN LONG VOYAGE.

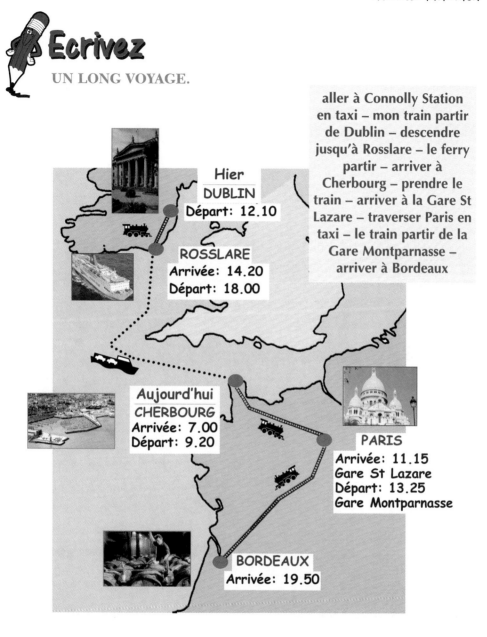

Hier
DUBLIN
Départ: 12.10

ROSSLARE
Arrivée: 14.20
Départ: 18.00

aller à Connolly Station en taxi – mon train partir de Dublin – descendre jusqu'à Rosslare – le ferry partir – arriver à Cherbourg – prendre le train – arriver à la Gare St Lazare – traverser Paris en taxi – le train partir de la Gare Montparnasse – arriver à Bordeaux

Aujourd'hui
CHERBOURG
Arrivée: 7.00
Départ: 9.20

PARIS
Arrivée: 11.15
Gare St Lazare
Départ: 13.25
Gare Montparnasse

BORDEAUX
Arrivée: 19.50

In your copy use the map and information given to complete Kieran's description of his journey. Indicate times of departure and arrival. All verbs must be in the passé composé.

Example: Hier, j'ai quitté la maison à 11 heures du matin. . . .

. . . François, mon correspondant, est venu m'attendre à la gare.

Ecoutez et Ecrivez

Listen to the recording and fill in the missing words or numbers.

AU BUREAU DES RENSEIGNEMENTS DE L'AÉROPORT

Un passager un peu en retard demande des renseignements à une hôtesse:
- Pardon, Mademoiselle, j'ai une réservation pour le vol Air France _____ à destination de Madrid. A quelle heure est-ce que l'avion décolle?
- Le vol Air France décolle à _____ , Monsieur. Dépêchez-vous, il est maintenant _____ . Vous avez seulement _____ avant le départ. Les passagers embarquent en ce moment.
- Je me dépêche. A quelle heure est-ce que l'avion atterrit à Madrid?
- L'avion atterrit à _____ .
- L'embarquement est à quelle porte?
- On embarque à la porte _____ , Monsieur.
- Merci beaucoup. Au revoir, Mademoiselle.
- De rien, Monsieur. Au revoir.

Ecoutez et Répétez

1

- Est-ce que tu es arrivé à l'heure pour prendre ton train, David?
- Oui. Je suis arrivé à la Gare du Nord à midi. Je suis allé au buffet pour manger un casse-croûte et boire un café. J'ai composté mon billet, puis je suis monté dans le train cinq minutes avant le départ. Le TGV est parti juste à l'heure.

un casse-croûte – *a sandwich*
composter – *to validate*

2
- Qu'est-ce que tu as fait pendant le voyage, Monique?
- J'ai lu un magazine. Je suis allée au wagon-restaurant et j'ai bu une tasse de café.
- A quelle heure est-ce que tu es arrivée à Lyon?
- Le train est arrivé à 14 heures 10. J'ai pris un taxi et je suis arrivée chez Christine vingt minutes plus tard.

3

- Tu as fait une bonne traversée, Patricia?
- Oui. La mer était calme et la traversée était agréable.
- Quand est-ce que le ferry est parti de Roscoff?
- Je suis montée à bord à 8 heures du soir et le ferry est parti une demi-heure plus tard.

4
- Qu'est-ce que tu as fait pendant la traversée, Charles?
- J'ai bavardé avec des copains, j'ai bu une bière au bar. Je suis retourné à ma cabine vers minuit et j'ai bien dormi.
- A quelle heure est-ce que tu es arrivé à Cork?
- Le ferry est arrivé à 6 heures du matin, et j'ai débarqué immédiatement.

APPRENEZ L'ESSENTIEL

- Est-ce que tu as fait un bon voyage / une bonne traversée / un bon vol?
- Le voyage / la traversée / le vol a été agréable.

- Qu'est-ce que tu as fait pendant le voyage?
    - J'ai pris le déjeuner.
    - J'ai bu une tasse de café.
    - J'ai écrit des cartes postales.
    - J'ai lu un magazine.
    - J'ai bavardé avec mon voisin / ma voisine.
    - J'ai dormi un peu.
    - J'ai regardé par la fenêtre.
    - J'ai acheté des souvenirs hors-taxe.
    - J'ai eu très peur quand l'avion a atterri.

LA GRAMMAIRE

Les adverbes

Adverbs are words that modify verbs, adjectives or other adverbs.

- My father drives **slowly**.
- I came home **absolutely** exhausted.
- You work **really** well.

In French most adverbs are created from the femimine form of adjectives followed by the suffix' –ment'. Each type of adjective behaves slightly differently.

Adjectives that have the same form in the masculine as in the feminine:

simple	simplement	(simply)
rapide	rapidement	(quickly)
tendre	tendrement	(tenderly)
pauvre	pauvrement	(poorly)

Adjectives that add an -e in the feminine:

certain – certaine	certainement	(certainly)
direct – directe	directement	(directly)
lourd – lourde	lourdement	(heavily)
sûr – sûre	sûrement	(surely)

Adjectives that end with a vowel:

vrai	vraiment	(really)
poli	poliment	(politely)

Adjectives that have irregular feminine forms:

sérieux – sérieuse	sérieusement	(seriously)
actif – active	activement	(actively)
cher – chère	chèrement	(dearly)
fier – fière	fièrement	(proudly)
léger – légère	légèrement	(lightly)
franc – franche	franchement	(frankly)
sec – sèche	sèchement	(drily)
doux – douce	doucement	(softly)

Adjectives that end with '-ant' or '-ent':

élégant	élégamment	(elegantly)
violent	violemment	(violently)
prudent	prudemment	(carefully)
constant	constamment	(constantly)

Irregular adverbs:

très (very) – mal (badly) – bien (well) – vite (quickly) – mieux (better)

Ecrivez

Write in the correct form of the adverb.

Example: (courant) Fiona parle *couramment* le français.

1. (léger) L'avion atterrit _____ sur la piste.

2. (doux) La maman prend le bébé _____ dans ses bras.

3. (franc) Je voudrais vous parler _____ .

4. (immédiat) Le garçon nous apporte _____ nos boissons.

5. (courageux) Sophie plonge _____ dans le lac.

6. (sportif) Pierre accepte _____ sa défaite.

7. (riche) Mme Poiret est _____ habillée d'un manteau de fourrure.

8. (dangereux) Si tu conduis _____ , tu auras un accident.

9. (poli) Pierre parle _____ à la vieille dame.

10. (actif) Je m'entraîne _____ pour le prochain match.

11. (malheureux) _____, je ne peux pas accepter ton invitation.

12. (triste) Pierre a annoncé _____ la mort de son chat.

DIALOGUE

A is a French boy/girl asking B, an Irish boy/girl, what he/she did during his/her boat journey home.

– A: When did you leave Cork?
– B: The ferry left Cork on Friday at 6 pm.
– A: What did you do on the ferry?
– B: I went to the bar and had a drink.
– A: Did you eat at the restaurant on board?
– B: Yes. I ate a pizza and a salad.
– A: Did you sleep well?
– B: I went to my cabin at midnight and slept until 7 am.
– A: At what time did you arrive in Roscoff?
– B: The ferry arrived at 9 am on Saturday morning.

PATRICK GIRAUD est directeur général de la compagnie 'Lectures Françaises', une grande compagnie parisienne qui publie des livres de littérature moderne et classique. Ses livres sont très appréciés par une clientèle internationale, et la compagnie possède des agences à Londres, Rome et Berlin. Cette semaine, Patrick doit aller à Frankfort en Allemagne où il va représenter sa compagnie à la Foire Internationale du Livre. Comme Patrick a le mal de l'air, il n'aime pas voyager en avion, donc il va prendre le train. C'est rapide et confortable.

Chantal, sa secrétaire, téléphone à la Gare de l'Est pour faire la réservation.
- SNCF réservations, je vous écoute.
- Je voudrais réserver un aller-retour à destination de Frankfort.
- Quelles sont vos dates de départ et de retour?
- Départ jeudi matin et retour dimanche soir.
- Jeudi matin, nous avons deux départs pour Frankfort. Il y a un TGV qui part à 8 heures 23 et qui arrive à Strasbourg à 10 heures 37 avec une correspondance par train express pour Frankfort à 10 heures 53. Arrivée à Frankfort: 13 heures 28. Nous avons aussi un train express direct qui part de Paris-Gare de l'Est à 10 heures 08 et arrive à 15 heures 50.
- Réservez-moi le voyage d'aller par le TGV, s'il vous plaît. A quelle heure est le départ de Frankfort dimanche soir?
- Départ à 18 heures 12 et arrivée à Paris à 23 heures 30. Vous désirez voyager en quelle classe?
- En première, s'il vous plaît. Compartiment non-fumeur.
- Très bien.

Répondez
1. What does Patrick do for a living?
2. What does his company sell?
3. Why must Patrick go to Frankfurt?
4. Why must he travel by train?
5. What kind of ticket does Chantal book for Patrick?
6. When will Patrick travel?
7. Describe the outbound journey that Chantal books.
8. When will Patrick be back in Paris?

posséder – *to own*
une foire – *a (trade) fair*

ON S'AMUSE

Connect the person and the correct definition of his/her job to find the hidden word.

1   Elle distribue les repas aux passagers de l'avion.
2   Il conduit la locomotive et respecte les signaux.
3   Il donne le signal du départ et le train part.
4   Il contrôle le vol de l'avion.
5   Il voyage confortablement en le train part.
6   Il demande à voir les billets des passagers.
7   Il aide le pilote dans les cas d'urgence.
8   Il trace le vol de l'avion sur des cartes aériennes.
9   Il fait les lits dans les wagons-couchettes.

L   le passager
C   le chef de gare
A   le co-pilote
G   le navigateur
D   l'hôtesse de l'air
O   le pilote
E   le garçon de cabine
É   le chauffeur
L   le contrôleur

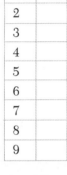

1	
2	
3	
4	
5	
6	
7	
8	
9	

_ _ _ _ _ _ _ _ _ à 15 heures 25: l'avion part de l'aéroport Charles-de-Gaulle à trois heures vingt-cinq.

Unité 8

Je vais au collège

De 3 à 5 ans, les petits enfants vont à l'école maternelle: ce n'est pas une école obligatoire.

A partir de 6 ans, l'éducation devient obligatoire. Tous les enfants vont à l'école primaire jusqu'à 10 ans.

A l'âge de 11 ans, les élèves vont à l'école secondaire: ils entrent au CES (le Collège d'Enseignement Secondaire) en classe de Sixième où ils apprennent une dizaine de matières. Ensuite ils passent en Cinquième, en Quatrième puis en Troisième. A 14-15 ans, ils ont un examen: le Brevet.

A l'âge de 15 ans, les élèves vont au lycée où ils passent trois ans dans les classes de Seconde, Première et Terminale. A 18 ans, ils ont un autre examen: le Baccalauréat. Si leurs résultats sont bons, ils ont la possibilité d'entrer à l'université.

l'enseignement – *teaching*
une dizaine – *ten*

In this chapter you will learn how to:
– talk about the French school system
– read a school timetable
– discuss your marks and results
– read a school report
– describe a recent school tour.

In the grammar section you will learn about:
– comparisons

You will also revise:
– the passé composé with ETRE.

120

Ecoutez et Répétez

1

– Chantal, tu as quatre ans, n'est-ce pas?
– Non. J'ai quatre ans et demi.
– Est-ce que tu vas déjà à l'école?
– Oui. Je vais à l'école maternelle Sainte-Marie.
– Qu'est-ce que tu apprends à l'école maternelle?
– Je joue, je chante, je danse, je dessine. J'adore mon école.

2

– Et toi, Pierre, quel âge as-tu?
– J'ai dix ans.
– Tu vas à quelle école?
– Je vais à l'école primaire Victor Hugo.
– Il y a combien d'élèves dans ta classe?
– Nous sommes 25 garçons et filles.
– Comment s'appelle ton instituteur?
– C'est une institutrice. Elle s'appelle Mme Garnier. Elle est très gentille.
– Qu'est-ce que tu apprends en classe?
– J'apprends à lire, à écrire et à compter. J'apprends aussi l'histoire de France et la géographie.

3

– Catherine, tu as 14 ans. Tu vas à quelle école?
– Je vais au Collège Marie-Curie.
– C'est un collège mixte?
– Oui. Il y a 12 filles et 14 garçons dans ma classe. Je suis en Troisième.
– Tes professeurs sont sympas?
– Ça va. Il y a des profs sympas et des profs stricts.
– Est-ce que tu prépares un examen?
– Oui. En juillet, je passerai le Brevet.

4
- – Eric, tu as 18 ans. Tu vas à l'université?
- – Non, pas encore. Je vais au lycée Montesquieu et je suis en Terminale. Je passerai le Baccalauréat à la fin de l'année. Après ça, j'espère aller à l'université.
- – Quelles matières est-ce que tu étudies?
- – J'étudie les mathématiques supérieures et la littérature française, deux langues étrangères (l'anglais et l'allemand), les sciences (la biologie et la chimie) et l'informatique.

pas encore – *not yet*
j'espère – *I hope*

5

- – Séverine, tu étudies à l'université de Paris, à la Sorbonne, n'est-ce pas?
- – Non. L'université, c'est fini pour moi. J'ai passé ma Licence en juin dernier.
- – Qu'est-ce que tu as étudié à l'université?
- – J'ai étudié les langues étrangères: anglais et espagnol. J'ai reçu d'excellents résultats dans les deux matières.
- – Félicitations!

La Licence – *Bachelor's degree*

APPRENEZ L'ESSENTIEL

– Je vais à l'école maternelle / primaire / au collège / au lycée / à l'université.

– Je suis en Sixième / en Cinquième / en Quatrième / en Troisième / en Seconde / en Terminale.

– Cette année, je passerai le Brevet / le Baccalauréat (le Bac).

– J'apprends à lire / à écrire / à compter.

– J'étudie la littérature / les mathématiques / l'histoire / la géographie / les sciences / les langues étrangères.

– Je fais du sport / de l'informatique / du dessin / de la peinture / des travaux manuels.

ECOUTEZ

How old are they? What school and what class are they in? What are their favourite subjects?

	Age	School	Class	Favourite Subject
Dominique	....	....	....	....
Pauline	....	....	....	....
Etienne	....	....	....	....
Marc	....	....	....	....
Eric	....	....	....	....
Sandrine	....	....	....	....

LISEZ

A L'ÉCOLE

Read the list below and write in the correct number for each room.

La salle de classe ☐   la salle des professeurs ☐   le laboratoire de langues ☐
le laboratoire de sciences ☐   la salle de dessin ☐   le gymnase ☐   le bureau de
la secrétaire ☐   la cour de récréation ☐   la cantine ☐   les vestiaires ☐
les douches ☐   l'atelier de travaux manuels ☐   la salle d'informatique ☐
les toilettes ☐   le bureau directeur ☐

Ecrivez

Complete each sentence with the name of the correct classroom.

1. Les professeurs corrigent les cahiers dans _____
2. En hiver, nous faisons du sport dans _____
3. On apprend la chimie et la physique dans _____
4. On fait de l'allemand et de l'espagnol dans _____
5. Après le sport, on se lave dans _____
6. Après le sport, on se change dans _____
7. On travaille avec les ordinateurs dans _____
8. On étudie l'histoire de l'art dans _____
9. On travaille le métal ou le bois dans _____
10. On rencontre les copains dans _____

Ecrivez

Tick off the correct answer, then write a complete and personal sentence.

Example: – Tu vas à quelle école?
l'école primaire ☐ le collège ☐ le lycée ✓.
– *Je vais au lycée.*

1. Ton école, c'est une école de garçons ☐ de filles ☐ mixte ☐ ?

   _____

2. Tu es en quelle année? en première ☐ en deuxième ☐ en troisième ☐

   _____

3. Il y a combien d'élèves dans ta classe? 15 ☐ 20 ☐ 25 ☐ plus ☐

   _____

4. Qui est ton profeseur préféré?

   _____

5. Tu apprends combien de matières? 7 ☐ 8 ☐ 9 ☐ 10 ☐ plus ☐

   _____

6 Quelle est ta matière favorite?

l'anglais ☐ le français ☐ l'histoire ☐ quelle autre ☐

___

7 Quelle matière est-ce que tu détestes?

les maths ☐ les sciences ☐ quelle autre ☐

___

8 A part le français, quelle(s) langue(s) étrangère(s) est-ce que tu étudies?

l'allemand ☐ l'espagnol ☐ le latin ☐

___

9 Quel examen est-ce que tu prépares? le brevet ☐ le baccalauréat ☐

___

10 Qu'est-ce que tu aimes à l'école? le sport ☐ les copains ☐ les vacances ☐

___

Écoutez et Écrivez

Antoine nous présente son emploi du temps pour lundi.

LISTEN TO THE TAPE AND FILL IN THE MISSING NFORMATION.

.... Lavoisier
Classe de .... B

de 8h30 à 9h30	:	....
de 9h30 à	:	Français
RÉCRÉATION		
de .... à 11h30	:	Mathématiques
de 11h30 à 12h30	:	....
de 12h30 à	:	....
de 14h00 à 15h00	:	....
de 15h00 à	:	Histoire
de 16h00 à 17h00	:	....
A LA MAISON		
de 18h00 à	:	....

ECOUTEZ

Lucie nous présente son emploi du temps.

1   This is her timetable for which day?   ....

2   At what time does the first class begin?   ....

3   What is this first class?   ....

4   How long does the break last?   ....

5   Which class is immediately after the break?   ....

6   Which class is just before lunch?   ....

7   How long does lunch last?   ....

8   What are the two classes after lunch?   ....

   ....

———————— LA GRAMMAIRE ————————

Le comparatif

Comparatif de supériorité (>)

- Ma soeur est plus sérieuse que moi.
- Les maths sont plus difficiles que le français.

Comparatif d'égalité (=)

- Le TGV est aussi rapide que l'avion.
- Les sciences sont aussi intéressantes que l'informatique.

DANIEL

JÉRÔME

Daniel est plus actif que Jérôme.

NICOLE   BERTRAND

Nicole est aussi curieuse que Bertrand.

126

Comparatif d'infériorité (<)

– L'autobus est moins confortable que le train.
– Catherine est moins ambitieuse que Sophie.

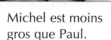

Exceptions: bon-ne   meilleur-e
             bien   mieux

Michel est moins gros que Paul.

– Le livre est bon.   Le livre est meilleur que le film.
– Pierre travaille bien. Pierre travaille mieux que Paul.

Ecrivez

Write two complete sentences using the following words to describe the pictures.

Example: – chimie – **dangereux** – géographie
                 – *La chimie est plus dangereuse que la géographie.*

                 – *La géographie est moins dangereuse que la chimie.*

1) musique – **intéressant** – les devoirs

_____

_____

_____

_____

2   le sport – **passionnant** – la biologie

_____

_____

_____

_____

3   l'anglais – **difficile** – l'informatique.

_____

_____

4   Sophie – **sérieux** – Patrick

_____

_____

_____

_____

5   la peinture – **facile** – les mathématiques

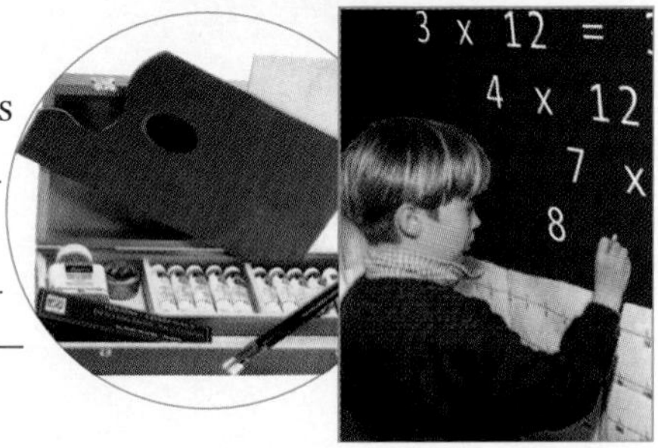

_____

_____

_____

_____

6   notre directeur – **strict** – notre prof de français

_____

_____

_____

_____

LISEZ

Le mercredi au collège

Mon jour favori au collège, c'est le mercredi parce que nous avons seulement quatre cours. Les cours commencent à 8 heures et demie comme d'habitude, mais ils finissent à midi et demi. En première heure, nous avons un cours d'anglais. J'aime bien parler et lire des textes en anglais. De temps en temps, le prof nous passe une vidéo en anglais. C'est un peu difficile à comprendre, mais c'est intéressant. En deuxième heure, nous avons mathématiques. L'algèbre, la géométrie et la trigonométrie, moi, je n'aime pas ça. Je ne comprends rien quand le prof explique. Je reçois toujours de mauvaises notes à mes devoirs. A 10 heures 20, c'est la récréation: je sors dans la cour avec mes copains. On discute, on joue au basket. C'est chouette. Quand la cloche sonne à 10 heures 30, on ne retourne pas en classe: on va au gymnase pour deux heures de sport. En général, on commence par de l'athlétisme: on court, on lance le javelot, on fait du saut en longueur. Puis on termine par un match de foot. Quand c'est fini, on prend une douche et on se change. A midi et demi, c'est l'heure du déjeuner. La plupart de mes copains retournent à la maison, mais moi, je mange à la cantine. Après le repas, je retrouve mon copain Youssef à la sortie du collège et nous allons faire une promenade en ville. *Lucas*

comme d'habitude – *as usual*	Note: La cour (de récréation)
la cloche sonne – *the bell rings*	Le cours (d'anglais)
courir – *to run*	On court (pour faire du sport)
lancer le javelot – *to throw the javelin*	
le saut en longueur – *long jump*	

Répondez

1. Why is Wednesday Lucas's favourite schoolday?
2. What does he like to do in English?
3. What does he think of English videos?
4. Give two reasons why he dislikes mathematics.
5. List two activities at break time.
6. How does the sport lesson begin?
7. Lucas does not leave the school like most of his friends. Why?
8. What does he do after leaving the school?

Écoutez et Lisez

1

– Tu travailles bien au collège, Sébastien?
– Ça va. Mes profs sont contents de mon travail.
– Tu reçois de bonnes notes dans quelle matière?
– Eh bien, en français je reçois toujours de bonnes notes. Au dernier test, j'ai reçu 16/20. En maths, j'ai reçu 14/20.

2

– Tes résultats sont bons à l'école, Céline?
– Ils sont excellents. Je reçois toujours des notes fantastiques.
– Dans toutes les matières?
– Presque toutes. En français et en sciences, par exemple, ma moyenne est de 16/20.
– Et en maths?
– Ma moyenne est moins bonne: elle est de 11/20.
– Oui, en effet, ce n'est pas fantastique.

en effet – *indeed*

3

– Pourquoi est-ce que tu travailles dur, Pauline?
– Parce que l'examen approche.
– Quel examen est-ce que tu prépares?
– Le Brevet. Je le passerai en juin.
– Tu révises beaucoup en ce moment?
– Oui. Je révise le programme, je fais mes devoirs et je lis de la littérature. Je travaille dur, vous savez.

APPRENEZ L'ESSENTIEL

– Je reçois de bonnes notes.

– Au dernier test, j'ai reçu d'excellents résultats.

– Ma moyenne est de 17/20.

– Je passerai le Brevet / le Baccalauréat en juin.

– Je révise le programme. Je travaille dur.

LISEZ

COLLÈGE CHARLES BEAUDELAIRE
Bulletin trimestriel
SECOND TRIMESTRE

Nom de l'élève: *Sylvaine Poulain.*
Classe: *3ème A.*

Matières:	Note sur 20	Commentaires des professeurs:
Français	*15*	*Bon travail. En progrès*
Mathématiques	*11*	*Doit faire un effort*
Anglais	*16*	*Très bien. Continuez!*
Histoire	*9*	*N'apprend pas ses leçons*
Géographie	*13*	*En progrès*
Sciences naturelles	*18*	*Excellents résultats*
Instruction civique	*14*	*Elève sérieuse*
Informatique	*18*	*Excellent travail*
Sport	*12*	*Bon progrès*

Conduite: *très bonne.*
Ponctualité: *1 jour d'absence - o retard.*

VRAI OU FAUX?

Vrai Faux

1. Tous les professeurs sont contents du travail de Sylvaine. ☐ ☐
2. Ses meilleurs résultats sont en sciences et en informatique. ☐ ☐
3. Sylvaine fait des progrès en sport. ☐ ☐
4. Elle ne travaille pas assez en maths. ☐ ☐
5. Le professeur d'histoire est content de son travail. ☐ ☐
6. En langue étrangère, elle a reçu une mauvaise note. ☐ ☐
7. Sylvaine a été absente un jour seulement. ☐ ☐
8. Elle n'est jamais arrivée en retard. ☐ ☐

 **Ecrivez**

Les règlements du collège

A From the list below, separate the actions which are compulsory from those which are forbidden.

> manger du chewing gum – assister à tous leurs cours – se battre ou chahuter – détériorer le matériel scolaire – arriver tous les jours à l'heure – assister à tous leurs cours – faire tous leurs devoirs – apporter toutes les fournitures scolaires nécessaires aux cours – respecter leurs professeurs et le personnel du collège – aller aux toilettes pendant les cours

Les élèves doivent:

| chahuter – *to fool around* |
| assister à – *to attend* |

1 _____

2 _____

3 _____

4 _____

5 _____

Il est interdit de:

1 _____

2 _____

3 _____

4 _____

5 _____

B Write captions for these two pictures.

_____   _____

_____   _____

_____   _____

ECOUTEZ

Complete with information you hear on the recording.

Name: *Lagrange*
Prénom: *Christian*
Age: . . . .
Birthday: . . . .
School: . . . .
Class: . . . .
Exam: . . . .
Studies how many subjects: . . . .
Favourite subjects: . . . .
Best mark: . . . . /20 in . . . . (subject)
Worst mark: . . . . /20 in . . . . (subject)
Teachers' opinion: . . . .

DIALOGUE

You (A) are asking your French friend (B) about school.

– A would like to know if B works well at school.
– B answers that his/her teachers are not happy with his/her work.
– A asks which teachers.
– B lists three teachers according to their subjects.
– A picks one subject and asks why the teacher is not happy.
– B does not learn his/her lessons.
– A wants to know if B is interested in the subject.
– B says he/she finds it difficult and boring.

Mon voyage scolaire

<u>Underline</u> all verbs that use ETRE in the passé composé.

LA SEMAINE DERNIÈRE, je suis allé en voyage scolaire à Paris avec ma classe. Nous avons passé le week-end dans la capitale à visiter les monuments historiques. Nous sommes partis de Dieppe en autocar le vendredi matin et nous sommes arrivés à l'Hôtel du Trocadéro à 3 heures de l'après-midi. Nous sommes montés immédiatement à nos chambres pour y laisser nos bagages. Avant le dîner, nous avons fait une promenade sur les Champs-Elysées: de l'Arc de Triomphe, nous sommes descendus jusqu'à la Place de la Concorde. Vendredi soir, nous sommes allés faire du patin à glace: je suis tombé plusieurs fois et j'ai encore mal au postérieur. Samedi matin, nous avons pris le Métro pour aller visiter la Tour Eiffel. Nous sommes montés au troisième étage par l'ascenceur, évidemment. De là-haut, j'ai vu tout le panorama de Paris: Notre-Dame, le Sacré Coeur, la Seine, l'Opéra . . . Tout, quoi. J'ai pris beaucoup de photos. Nous sommes restés une heure au sommet de la Tour Eiffel. Redescendu en bas, j'ai acheté des souvenirs et envoyé quelques cartes postales.

J'ai fait un voyage fantastique et j'aimerais beaucoup retourner encore une fois à Paris.

Arnaud.

y – *there*
laisser – *to leave*
plusieurs fois – *several times*
l'ascenceur – *the lift*
de là-haut – *from up there*
en bas – *down below*

Répondez

Each sentence contains an element that is wrong. Find this element, then correct it.

Example: – Anaud a fait un voyage à Paris **avec ses parents**.

– *Arnaud a fait un voyage à Paris avec sa classe.*

1. Arnaud a visité les musées de la capitale.
2. Le groupe est allé à Paris en train.
3. Ils sont arrivés à l'hôtel à 8 heures du soir.
4. Ils ont laissé leurs bagages à reception de l'hôtel.
5. Samedi soir, ils sont allés à la patinoire.
6. Arnaud est monté à la Tour Eiffel à pied.

La langue bretonne

Le Breton est une langue celtique. Au 5ème siècle après Jésus Christ, des immigrants venus de Grande-Bretagne (Pays de Galles, Cornouaille et Devon) ont traversé la mer et se sont installés dans la vieille province romaine d'Armorique. L'Armorique est devenue la Bretagne. A la fin du 19ème siècle, le Ministre de l'Education – pour encourager le développement du français – a refusé aux professeurs la permission d'enseigner le Breton. Cette langue a commencé à décliner, donc le Breton est devenu un langue minoritaire. A l'école, si un enfant persistait à parler le Breton, il était forcé de porter un sabot de bois autour du cou comme punition.

Aujourd'hui, on assiste à une véritable renaissance de la langue bretonne. Depuis 1980, il existe des écoles maternelles où les parents et les instituteurs enseignent leur langue aux jeunes enfants. L'éducation est basée sur une immersion totale des enfants: chants, danses, activités physiques, sports, et matières générales sont enseignées en Breton.

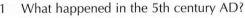

| un siècle – a century |
| un sabot de bois – *a wooden clog* |

1   What happened in the 5th century AD?

2   What decision did the Education Minister make in the 19th century?

3   How were pupils punished when they spoke Breton?

4   What was created in 1980?

5   Explain the expression *immersion totale*.

Unité 9

Tu me donnes mon argent de poche?

Pour les jeunes Français de moins de 18 ans, il est pratiquement impossible de trouver du travail à temps partiel dans les magasins ou les restaurants. Il y a des petits boulots comme le babysitting, le jardinage ou le lavage de voitures, mais le travail n'est pas régulier et le salaire est généralement très petit. Les plus jeunes – de 10 à 15 ans – doivent aider leurs parents à la maison pour recevoir de l'argent de poche. Un jeune Français reçoit en moyenne €10 par semaine. Evidemment, ce n'est pas beaucoup et c'est vite dépensé, mais c'est suffisant pour aller une fois au cinéma et acheter une boisson, un paquet de bonbons ou une glace à l'entre-acte.

un petit boulot –	*a little job*
en moyenne –	*on average*
dépenser –	*to spend (money)*
une boisson –	*a drink*
l'entre-acte –	*the intermission*

In this chapter you will learn how to:
– talk about your pocket money
– say how you spend your money
– express what you need
– ask for help.

In the grammar section you will learn about:
– direct object pronouns
– the conditional sentence.

Ecoutez et Répétez

1

— Est-ce que tu reçois beaucoup d'argent de poche?

— Moi, je reçois €10 par semaine.

— Ma mère me donne €15 par semaine.

— Mes parents sont généreux: le samedi, ils me donnent €20.

— Mon père me donne €50 par mois.

— Je ne reçois pas d'argent de poche. Je dois travailler.

2

— Tes parents te donnent de l'argent de poche, Antoine?
— Non, ils ne me donnent jamais d'argent.
— Ah, ils ne sont pas généreux, alors?
— Si, ils sont généreux, mais ils ne sont pas riches. Je gagne un peu d'argent.
— Qu'est-ce que tu fais pour gagner de l'argent?
— Je promène le chien du voisin et je lave des voitures.

3

— Tu fais des économies, Léo?
— Oui, j'économise environ €5 par semaine.
— Tu économises à la banque ou à la poste?
— Non, mes économies sont à la Caisse d'Epargne.
— Pourquoi est-ce que tu économises?
— Parce que je voudrais m'acheter une bicyclette.

économiser – *to save (money)*

4
- Pourquoi est-ce que tu as besoin d'argent, Sophie?
- J'ai besoin d'argent pour aller à la disco ou au cinéma, pour manger un hamburger au MacDo. Chaque semaine, j'ai besoin de €30 pour acheter mon billet d'autobus. Mon magazine sportif me coûte €3. J'achète aussi des jeux vidéo, des CD, des bonbons, des canettes de Coca.
- Est-ce que tu économises un peu d'argent?
- Non. La plupart du temps, je dépense tout mon argent.

avoir besoin de – *to need*
la plupart du temps – *most of the time*
dépenser – *to spend (money)*

APPRENEZ L'ESSENTIEL

- Je reçois €10 par semaine / chaque samedi / par mois.
- J'ai besoin d'argent pour sortir le week-end / pour acheter des jeux vidéo, des CD / des magazines / des bonbons / des glaces / des canettes de Coca.
- J'économise un peu à la poste / à la caisse d'épargne / à la banque.
- Je fais des économies pour m'acheter un vélo.
- Je dépense €10 par semaine / tout mon argent.
- Pour gagner de l'argent je fais du babysitting / je lave des voitures / je fais du jardinage.

ECOUTEZ

Which jobs are they working at? What do they need money for? Where they save their money?

	Their jobs	They need money for	Where they save
Robert	....	....	....
Juliette	....	....	....
Sidonie	....	....	....
Christian	....	....	....
Eric	....	....	....

 **LISEZ**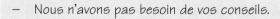

AVOIR BESOIN DE . . .

— Chaque semaine, j'ai besoin de €20 pour acheter mon billet d'autobus.

— Tous les samedis, Catherine a besoin de €25 pour aller à la disco.

— Nous avons besoin de travailler dur pour passer l'examen.

— Les garçons ont besoin de s'entraîner tous les jours avant le championnat.

— Est-ce que vous avez besoin d'aide?

— Nous n'avons pas besoin de vos conseils.

 Ecrivez

Pourquoi est-ce qu'ils ont besoin d'argent? Write a sentence to express why they need money.

Example: — Michel €8

— *Michel a besoin de €8 pour acheter un CD.*

 ① Caroline  €10 _____

2 _____ Paul et Jacques   €50

 ③ Yvonne €200 _____

139

4 _____ 50c

Sophie et Patrick

5 Moi €1 🍦 _____

6 _____ Nous €5

✍ LA GRAMMAIRE

Les pronoms objets directs

These pronouns replace the nouns to which the action described by the verb applies directly. There is no preposition between the verb and the noun.

- J'écoute **mon baladeur.**
- Nous attendons **le train.**
- Catherine achète **la robe bleue.**
- Tu n'apprends pas **tes leçons.**

There are three direct object pronouns:

LE replaces a masculine singular noun.   mon baladeur   **le**
LA replaces a feminine singular noun.   la robe bleue   **la**
LES replaces a plural noun.   tes leçons   **les**

(LE and LA become L' in front of a vowel.)

These pronouns are located directly in front of the verb.

- Tu promènes le chien?
- Oui, je **le** promène.
    - Tu écoutes le CD?
    - Oui, je l'écoute.
- Daniel apprend bien ses leçons?
- Oui, il **les** apprend bien.
    - Vous achetez cette voiture?
    - Oui, nous l'achetons.

With the negation, add **n e** and **pas** as follows:

- Tu bois cette limonade?
- Non, je **n e** la bois **pas.**

Ecrivez

A Answer the following questions, replacing the direct object noun with a pronoun. Write the answer out in full.

1 Patricia fait **les courses** dans le village?

2 Lucie aime **le chocolat au lait**?

3 Catherine déteste **les souris blanches**?

4 Tu attends **le train de Paris**?

5 Est-ce que tu manges **ton sandwich**?

6 Est-ce que tu regardes **cette vidéo**?

7 Est-ce que tu reçois ton argent de poche chaque semaine?

8 Tu économises ton salaire tout entier?

9 Est-ce que tu laves les voitures au garage?

10 Michel adore sa petite soeur?

11 Le mécanicien réparera ton vélo demain?

12 Pauline déteste les rats?

B Choose five answers at random and write them in the negative form.

Ecoutez et Ecrivez

Listen to the cassette and complete the text with the following words.

> ménage – jeudi – semaine – favori – généreux – samedis –
> vêtements – maison – courses – dépense

Moi, j'ai de la chance parce que je suis enfant unique et mes parents sont assez _____. Tous les _____, ils me donnent €10 d'argent de poche. Ma mère est plus généreuse que mon père. Quand le _____ arrive, tout mon argent est dépensé, alors ma mère me donne encore €5.

Généralement, je fais quelques petits travaux à la _____ pour mériter mon argent: je fais le _____, je range ma chambre, je fais des _____.

Erica

TU ME DONNES MON ARGENT DE POCHE?

Rien de très difficile. Avec mon argent, je vais au cinéma une fois par
_____. De temps en temps, je m'achète des CD de mon groupe
_____ ou un magazine sportif. Je _____ tout et je n'économise rien.
Je voudrais économiser pour les vacances, pour acheter des _____ ou un
vélo neuf, mais ce n'est jamais possible.

> un travail – des travaux
> mériter – *to deserve*
> ranger – *to tidy*

VRAI OU FAUX?

1. Le père d'Erica est plus généreux que sa mère. ☐ ☐
2. Le jeudi, Erica a dépensé tout son argent. ☐ ☐
3. Sa mère lui donne encore un peu d'argent. ☐ ☐
4. Erica travaille à la maison pour gagner de l'argent. ☐ ☐
5. Le travail est très difficile. ☐ ☐
6. Erica n'économise pas d'argent. ☐ ☐
7. Elle ne peut pas acheter de bicyclette neuve. ☐ ☐

Ecrivez

Tick ✓ the correct answer, then write a complete sentence.

Example: – Est-ce que tu reçois de l'argent de poche? Oui ✓ Non ☐
   – *Oui, je reçois de l'argent de poche.*

(1) Qui te donne ton argent de poche?
     ton père ☐ ta mère ☐ tes parents ☐

_____

2 Quand reçois-tu ton argent de poche?
     le samedi ☐ le dimanche ☐ un autre jour ☐

_____

(3) Combien d'argent reçois-tu chaque semaine?
     €10 ☐ €20 ☐ plus ☐

_____

4 Est-ce que c'est suffisant?   Oui ☐   Non ☐

_____

(5) Combien voudrais-tu recevoir? €20 ☐ €40 ☐ plus ☐

_____

6 Qu'est-ce que tu achètes?   🍬 ☐   💿 ☐   🥤 ☐

_____

7 Est-ce que tu dépenses tout?   Oui ☐   Non ☐

8 Combien est-ce que tu économises par semaine? rien ☐ €10 ☐ plus ☐

LA GRAMMAIRE

'Il y a' + le passé composé

You have learnt that 'il y a' means 'there is' or 'there are', but when it is used with an expression of time 'il y a' means 'ago' and it is always followed by a past tense.

-   Le train est parti il y a trois minutes.

    (The train left three minutes ago.)

-   Les vacances ont commencé il y a une semaine.

    (The holidays started a week ago.)

-   J'ai fermé la fenêtre il y a quelques secondes.

    (I closed the window a few seconds ago.)

-   Nous sommes revenus de vacances il y a 3 jours.

    (We came back from holidays 3 days ago.)

Ecrivez

How long ago? Write a complete sentence.

Example: – Il est 3 heures. Catherine est arrivée à 2 heures et demie.
   – *Catherine est arrivée il y a une demi-heure.*

1 Il est midi dix. Le facteur est passé à midi.

2 Il est une heure et quart. Le train est parti à une heure.

3 Aujourd'hui, c'est jeudi. Le professeur a donné l'exercice lundi dernier.

4 Nous sommes le 15 janvier. J'ai rencontré Alice à la disco le 5 janvier.

5 Aujourd'hui, c'est le 1er mai. J'ai célébré mon anniversaire le 1er avril.

6 Nous sommes en décembre. L'école a recommencé en septembre.

Écoutez et Lisez

QU'EST-CE QUE TU FAIS À LA MAISON POUR GAGNER TON ARGENT DE POCHE?

— Je fais mon lit tous les matins.

— Je range ma chambre une fois par semaine.

— Je fais le ménage: je passe l'aspirateur dans le salon.

— Je fais la cuisine. De temps en temps, je prépare le dîner.

— Avant les repas, je mets le couvert.

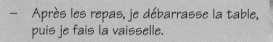

— Après les repas, je débarrasse la table, puis je fais la vaisselle.

— J'emplis la machine à laver pour faire la lessive.

— Je fais du repassage, mais je déteste ça.

— Je lave la voiture.

— Je vais dans les magasins: je fais des courses.

QUELS BOULOTS EST-CE QUE VOUS FAITES POUR GAGNER UN PEU D'ARGENT?

– De temps en temps, je fais du babysitting pour mes voisins.

– Pendant mes vacances d'été, je travaille au supermarché: je range les chariots à l'entrée.

– Je fais un peu de jardinage: je plante de légumes, je coupe les pelouses, j'arrose les fleurs.

– Le samedi, je nettoie les fenêtres des magasins dans mon quartier.

– Lucie, j'ai besoin de ton aide.
– Qu'est-ce que tu veux?
– La pelouse a besoin de couper.
– Oh, Maman, j'ai autre chose à faire.
– Si tu coupes la pelouse, je te donnerai €5.
– Chouette! Je la coupe tout de suite.

– François, tu peux m'aider, s'il te plaît?
– Pour faire quoi?
– Pour ranger le garage. Il est tout en désordre.
– Je fais de la peinture.
– Si tu m'aides à ranger le garage, je t'achèterai un CD.
– D'accord, je le range avec toi.

– Catherine, est-ce que tu voudrais m'aider?
– Oui, pas de problème.
– Je voudrais faire des courses ce matin. Est-ce que tu peux faire le ménage pendant mon absence? Si tu as le temps, tu prépareras aussi le déjeuner.
– Bon. Je le prépare maintenant.

APPRENEZ L'ESSENTIEL

– Je fais le ménage / la vaisselle / la lessive / le repassage /
  les courses / du jardinage / du babysitting.

– Je range ma chambre / l'appartement / le garage.

– Je nettoie la cuisine / les fenêtres.

– J'ai besoin d'aide.
– Est-ce que tu peux m'aider?

– J'ai des devoirs à faire / des leçons à apprendre /
  un exercice à terminer.

– Si tu m'aides, je te donnerai une récompense.
              je t'achèterai un CD.
              je te payerai un baladeur.
              je t'offrirai un petit cadeau.

Ecrivez

Qu'est-ce qu'ils font?

1 François _____

2 Moi, je _____

3 Toi, tu _____

4 Nous _____

5 Natalie _____

6 Vous_____

(7) Toi, tu _____

8 Lucie _____

(9) Moi, je _____

10 Catherine _____

ECOUTEZ

Who are they helping? What job are they doing? What is the reward?

	They are helping	The job	The reward
Monique	....	....	....
Bertrand	....	....	....
Marc	....	....	....
Suzanne	....	....	....
Florence	....	....	....

LA GRAMMAIRE

La phrase conditionnelle

The conditional sentence in French is introduced by 'Si' meaning 'if'. Its structure is the same in French as in English.

Si + present + Present:
- Si tu arrives en retard, le prof est furieux.
  (If you arrive late, the teacher is furious.)
- Si vous ne travaillez pas, vous ne gagnez pas d'argent.
- S'il pleut, nous restons à la maison.

Si + present + future:
- Si vous ne travaillez pas, vous ne gagnerez pas d'argent.
- S'il pleut, nous resterons à la

Si tu arrives en retard, le prof sera furieux.
(If you arrive late, the teacher will be furious.)

 **Ecrivez**

Write a conditional sentence using 'Si' + present + future.

Example: – Il (faire) beau – Je (promener) mon chien.
– *S'il fait beau, je promènerai mon chien.*

1. Je (avoir) de l'argent – Je (m'offrir) un CD.

    _____

2. Tu (être) fatigué – Tu (arrêter) de travailler.

    _____

3. Pierre (aller) en ville – Il (dépenser) tout son argent.

    _____

4. Nous (travailler) vite – Nous (finir) avant 4 heures.

    _____

5. Tu (vouloir) un vélo neuf – Je te l'(acheter) pour ton anniversaire.

    _____

6. Je (voir) Charles – Je lui (dire) bonjour de ta part.

    _____

7. Sophie (téléphoner) à Michel – Il (être) très content.

    _____

8. Vous m'(aider) – Je vous (donner) une récompense.

    _____.

LISEZ

Chers Papa et Maman,

Je passe d'excellentes vacances chez l'oncle Paul et la tante Léonie. Il fait très beau ici et je visite la Bretagne. Le week-end dernier, nous avons visité la base navale de Brest. Il y a trois jours, nous sommes allés au festival de musique de Lorient. J'ai acheté beacoup de souvenirs et de cadeaux pour vous et pour mes copains. Malheureusement, je n'ai plus d'argent. Pouvez-vous m'envoyer un peu d'argent, s'il vous plaît? Sinon, je ne pourrai pas sortir jusqu'à la fin de mon séjour à Vannes.

Merci d'avance.

Bons baisers.

Adrien

Répondez

1. What is Adrien's problem?
2. How does he explain the cause of this problem?
3. How can his parents help?
4. If they do not help, in what situation will Adrien be?

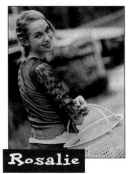

Rosalie

MES PARENTS ne me donnent plus d'argent de poche parce que j'ai dix-huit ans. Si je veux de l'argent, je dois travailler. Mes parents ne me font jamais de cadeau. Heureusement, dans la petite ville où j'habite, c'est assez facile de trouver du travail. Je peux laver les voitures au garage, couper les pelouses des voisins, garder des enfants quand leurs parents sortent le soir. Je n'ai pas peur de travailler dur, mais mes parents ne sont pas contents. Ils disent: 'Tu prépares ton Bac et tu négliges tes devoirs'. Ce n'est pas vrai: je travaille seulement le samedi après-midi, mais je fais trois ou quatre heures de devoirs tous les soirs. Chaque semaine, je gagne environ €50. Avec ça, je peux sortir avec mes copains, acheter quelques vêtements de temps en temps.

Répondez

1. Rosalie no longer gets pocket money. Why?
2. What little jobs does she do?
3. What do her parents complain about?
4. Why are they wrong in complaining?
5. What does Rosalie do to enjoy her money?

avoir peur – *to be afraid*
négliger – *to neglect*

Qu'est-ce que les parents d'adolescents reprochent le plus souvent à leurs enfants?

Voici la question que l'INSEE (l'Institut National des Statistiques et Etudes Economiques) a posée aux Français.

La réponse?

• C'est le désordre permanent dans la chambre de leurs enfants que six parents sur dix détestent le plus.

• Les parents reprochent ensuite à leurs enfants les longues conversations au téléphone (cinq parents sur dix).

• Viennent ensuite la grasse matinée tardive (trois parents sur dix), et finalement leur façon de s'exprimer (deux parents sur dix).

• En revanche, la musique que les adolescents écoutent est plutôt bien acceptée par deux parents sur trois.

---

en revanche – *on the other hand*
50% – *prononcez 'cinquante pour cent'*

VRAI OU FAUX?

		Vrai	Faux
1	50% des parents détestent le désordre que leurs enfants font dans leurs chambres.		
2	50% des parents n'aiment pas que leurs enfants passent trop longtemps au téléphone.	☐	☐
3	25% des parents voudraient que leurs enfants se lèvent plus tôt.	☐	☐
4	20% des parents voudraient que leurs enfants s'expriment mieux.	☐	☐
5	66% des parents n'aiment pas la musique que leurs enfants aiment écouter.	☐	☐

Unité 10

On descend en ville

Quand les jeunes ont du temps libre, ils aiment sortir en bande et passer le temps à se balader en ville. Ils font une ou deux petites courses en vitesse, puis ils rencontrent leurs copains. Ils vont au bistrot: là, ils jouent au billard, au baby-foot ou au flipper et ils boivent une menthe à l'eau ou un Orangina. Le MacDo est un autre endroit favori des jeunes: ils mangent un hamburger-frites et ils boivent un Coca. Le repas est bon, ça ne coûte pas cher et on mange en vitesse. Quand ils n'ont pas beaucoup d'argent, les jeunes peuvent toujours faire du lèche-vitrines ou se promener dans le centre commercial pour passer le temps.

une bande – *a gang*
un endroit – *a spot*
de la menthe – *mint*
en vitesse – *quickly*
faire du lèche-vitrines – *window shopping*

In this chapter you will learn how to:
– buy stamps and send a parcel
– lodge or withdraw money at the savings bank
– borrow money and various other things
– express where you are going with your friends.

In the grammar section you will learn about:
– the irregular verb ENVOYER
– the present participle.

Ecoutez et Répétez

1 **AU BUREAU DE POSTE**

- Combien coûte un timbre pour l'Irlande, s'il vous plaît?
- C'est pour une lettre ou pour une carte postale?
- Pour une lettre.
- Ça coûte 50 cents.
- Et pour une carte postale?
- C'est 40 cents.

2

- Combien ça coûte pour envoyer un colis en Irlande?
- Combien pèse votre colis?
- Il pèse exactement un kilo.
- Alors, ça coûte €10.
- Quand est-ce qu'il arrivera en Irlande?
- Il arrivera dans 3 jours.
- Merci bien, au revoir.

3 **AU DÉBIT DE TABAC**

- Monsieur, vous désirez?
- Donnez-moi un paquet d'enveloppes, s'il vous plaît.
- Et avec ça?
- Je voudrais aussi du papier à lettres et un carnet de timbres. Il y a une boite à lettres près d'ici?
- Vous avez une boite à lettres juste au coin de la rue.

4

- Vous désirez, Mademoiselle?
- Donnez-moi un café-crême, s'il vous plaît. Et un billet de loto. Est-ce que je peux téléphoner?
- Bien sûr. La cabine téléphonique est au fond de la salle, à droite.
- Merci bien.

5   A LA CAISSE D'EPARGNE

- Vous désirez, Mademoiselle?
- Je voudrais loger de l'argent sur mon carnet d'épargne.
- Combien est-ce que vous voulez loger?
- J'ai un chèque de €100.
- Très bien, Mademoiselle. Remplissez ce formulaire, s'il vous plaît.

6

- Qu'y a-t-il pour votre service?
- Je voudrais retirer de l'argent.
- Combien est-ce que vous voudriez retirer?
- Tout mon argent. C'est-à-dire €250, s'il vous plaît.
- Très bien. Je peux voir votre carnet?
- Le voilà.

> C'est-à-dire – *that is to say*

7

- Tu as combien d'argent sur ton livret d'épargne, Ludovic?
- En ce moment, j'ai seulement €200. J'économise pour mes prochaines vacances.
- Ce n'est pas beaucoup.
- Non, mais ça va augmenter.
- Tu vas loger de l'argent?
- Non, mais je reçois des intérêts. Le taux d'intérêt est de 5% maintenant.

APPRENEZ L'ESSENTIEL

- Donnez-moi un paquet d'enveloppes / du papier à lettres / un carnet de timbres.
- Je voudrais envoyer une lettre / une carte postale / un colis / un mandat en Irlande / au Canada / aux Etats-Unis.
- Un timbre pour l'Irlande / le Canada / les Etats-Unis coûte €1.

- C'est combien pour envoyer un colis à Paris / en Irlande / aux Etats-Unis / au Canada?
- Votre colis pèse exactement un kilo.
- Vous avez une boite à lettres devant le magasin / au coin de la rue.

- Je voudrais loger de l'argent sur mon carnet.
- Je voudrais retirer de l'argent de mon carnet.

- Le taux d'intérêt est de 4% en ce moment.

153

ECOUTEZ

What are they sending? To which country? How much does it cost?

	Sending	Country	Cost
1	....	....	....
2	....	....	....
3	....	....	....
4	....	....	....
5	....	....	....

Ecrivez

Write a complete sentence.

Example:

– *Michel voudrait envoyer deux cartes postales en Italie.*

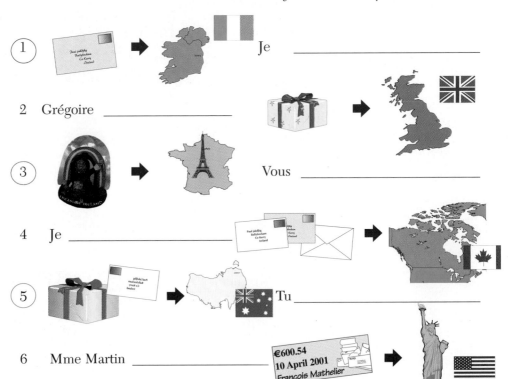

1   Je _____

2   Grégoire _____

3   Vous _____

4   Je _____

5   Tu _____

6   Mme Martin _____

154

ECOUTEZ

Au débit de tabac. Qu'est ce qu'ils achètent?
Each person purchases 3 items: write them in French.

Le monsieur	....	....	....
La dame	....	....	....
La demoiselle	....	....	....
La petite fille	....	....	....
Le petit garçon	....	....	....

LISEZ

A   MATCH THE PLACE AND THE CORRECT ACTIVITY.

1	La caisse d'épargne	A	Manger un hamburger-frites
2	Le MacDo	B	Faire de lèche-vitrines
3	Le café	C	Poster des cartes postales
4	Le débit de tabac	D	Faire des courses
5	Le bureau de poste	E	Boire une menthe à l'eau
6	Le centre-ville	F	Appeler ma copine
7	Le club de jeunes	G	Loger mes économies
8	La cabine téléphonique	H	Acheter un carnet de timbres
9	La boite à lettres	I	Rencontrer mes copains
10	Le centre commercial	J	Envoyer un colis

1	
2	
3	
4	
5	
6	
7	
8	
9	
10	

B   ORALEMENT: ASK YOUR FRIEND WHY HE/SHE WENT THERE.

Example:
- Pourquoi est-ce que tu es allé(e) au MacDo?
- *Je suis allé(e) au MacDo pour manger un hamburger-frites.*

Écoutez et Lisez

Listen to the recording and complete the text with the following words.

collège – poste – cinq – venir – carte postale – combien – facteur
– timbre – donner – poster – boite – lettre

Bruno est en vacances à la ferme de son grand-père. Il est impatient de recevoir une lettre de son correspondant Kevin.

– Grand-père, est-ce que le facteur est passé?
– Oui, il est passé il y a _____ minutes. Il a apporté une _____ pour toi.
– Elle vient d'Irlande?
– Certainement. Il y a un _____ irlandais sur l'enveloppe.
– Chouette! C'est Kevin qui m'a écrit. Je lui répondrai ce soir et j'irai _____ ma lettre demain matin en allant au _____ . Il recevra ma lettre dans trois jours.

Le lendemain matin

– J'ai fini ma lettre pour Kevin. Est-ce que tu peux me _____ un timbre, s'il te plaît?
– Désolé, je n'ai pas de timbre. Va à la _____ ou au débit de tabac et achète des timbres. Dépêche-toi, la prochaine levée sera à 10 heures.
– C'est _____ pour envoyer une lettre en Irlande?
– Je ne sais pas. Demande à la postière.
– Non. Je vais au bureau de tabac. C'est moins loin.
– Comme tu voudrais, mais fais vite. Le _____ viendra bientôt ramasser le courrier.

le lendemain – *the next day*	le courrier – *the mail*
la levée – *the collection (of mail)*	ramasser – *to pick up / to collect*

Au débit de tabac

- Bonjour, Madame. Je voudrais un timbre pour l'Irlande, s'il vous plaît.
- Vous envoyez une lettre ou une _____ ?
- C'est pour une lettre.
- Alors, il vous faut un timbre à 60 cents. C'est tout?
- Non, je voudrais aussi des Gauloises et une _____ d'allumettes. C'est pour ma mère.
- Désolée, mon garçon. Il faudra demander à votre mère de _____ elle-même.

Répondez

A 1. When did the postman call to the farm?
2. When does Bruno intend to post his letter to Kevin?
3. What happens at 10 o'clock?
4. Why does Bruno go to the tobacconist's and not to the post office?
5. What does he try to buy at the tobacconist's?
6. What does the shop assistant tell him?

B Read the three passages again and <u>underline</u> all verbs in the future simple.

DIALOGUE

Imagine a dialogue between the tobacconist (T) and a customer (C).

- T: Good morning, sir / madam / miss. What can I do for you?
- C: I would like these three postcards, please.
- T: Three postcards, that's €1.50, please.
- C: And I would like three stamps.
- T: Sorry, I only have books of stamps.
- C: Give me a book of stamps then.
  T: Here you are. Is that all?
- C: No. I would like a pack of white envelopes.
- T: A pack of envelopes, a book of stamps and three post cards. That's €7.50, please.
- C: Here is €10.
- T: And here is your change. Thank you.

LA GRAMMAIRE

Un verbe irrégulier ENVOYER

In the present tense the irregularity is caused by the 'Y'.

> J'envoie
>
> Tu envoies
>
> Il/elle envoie
>
> Nous envoyons
>
> Vous envoyez
>
> Ils/elles envoient

A few other verbs that conjugate like ENVOYER are:

Aboyer (to bark)	Essuyer (to wipe)
Balayer (to sweep)	Nettoyer (to clean)
Essayer (to try)	Payer (to pay)

In the passé composé all these verbs are regular.

> J'ai envoyé
>
> Tu as balayé
>
> Il/Elle a essayé
>
> Nous avons essuyé
>
> Vous avez nettoyé
>
> Ils ont payé

In the future tense only ENVOYER is irregular.

> J'enverrai

Le chien aboie quand le facteur passe.

All the others are regular.

J'aboyerai	J'essuyerai
Je balayerai	Je nettoyerai
J'essayerai	Je payerai

Ecrivez

In your copy conjugate **BALAYER** and **PAYER** in the present tense.

Balayer

Payer

Ecrivez

Complete each sentence using the present tense of one of the following verbs.

| envoyer – nettoyer – aboyer – essayer – balayer – payer |

1   Est-ce que tu _____ une lettre?

2   Je _____ la voiture de ma mère.

3   Nous _____ les feuilles mortes.

4   J' _____ un joli pull.

5   Pour son anniversaire, j' _____ un cadeau à Paul.

6   Tu _____ les fenêtres de ta chambre.

7   Est-ce que vous _____ ce beau chapeau, Madame?

8   Les chiens _____ quand le facteur arrive.

9   Catherine _____ une chemise avant de l'acheter.

10   Est-ce que tu _____ l'addition, Charles?

11   Nous _____ des cartes postales à nos copains.

Ecoutez et Répétez

1
- Dis, Papa. Tu peux me prêter €20?
- Jusqu'à quand?
- Je te rembourserai samedi.
- Pourquoi est-ce que tu veux €20?
- C'est l'anniversaire de Maman samedi. Je voudrais lui acheter un bouquet de fleurs.
- Bon, d'accord. Tiens, voilà €20.

2
- Tu peux me prêter ta moto, Patrick?
- Où est-ce que tu veux aller?
- Je voudrais faire un petit tour dans le village.
- Tiens, la voilà. Fais attention; les flics ne rigolent pas en ce moment.
- D'accord. Je te redonne ta moto dans 10 minutes.

3
- Maman, Tu peux me prêter ta voiture?
- Où est-ce que tu iras?
- D'abord, j'irai chez Chantal et puis chez Juliette. Après ça, nous irons à la disco.
- A quelle heure est-ce que vous rentrerez?
- Vers une heure du matin. Ça va?
- Oui, d'accord. Tiens, voilà les clés de la voiture.

APPRENEZ L'ESSENTIEL

- Tu peux me prêter de l'argent / ta bicyclette / la voiture?

- Pourquoi est-ce que tu veux de l'argent / ma bicyclette / la voiture?

- Jusqu'à quand?
- Je te rembourserai demain / samedi prochain / la semaine prochaine / quand je recevrai mon salaire.

- Quand est-ce que tu me redonnes ma bicyclette?
- Je te la redonne demain.

ECOUTEZ

What do they borrow? What for? When will they return it?

	Borrow	What for?	Return?
Edouard	....	....	....
Micheline	....	....	....
Christine	....	....	....
Sébastien	....	....	....
Patrick	....	....	....

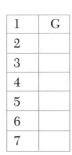

Ecrivez

Cause et conséquence. In your copy write out a complete question and its correct answer from the following elements.

Example: 1   Pourquoi est-ce que tu prêtes de l'argent à ta soeur?
  G   Je prête de l'argent à ma soeur parce qu'elle voudrait s'acheter des chaussures.

Questions

1   Tu prêtes de l'argent à ta soeur.
2   Pierre prête son livre de maths à Sophie.
3   Tu redonnes l'argent à Michel.
4   Je n'ai pas d'argent.
5   Tous les copains vont manger au MacDo.
6   Céline ne peut pas descendre en ville.
7   Tu ne reçois plus d'argent de poche.

Answers

1	G
2	
3	
4	
5	
6	
7	

A   J'ai promis de le rembourser.
B   Tu ne travailles pas en ce moment.
C   Elle a un problème à faire.
D   Son père refuse de lui prêter la voiture.
E   Ils vont célébrer l'anniversaire de Véronique.
F   Mon bulletin scolaire est un vrai désastre.
G   Elle voudrait s'acheter des chaussures.

LA GRAMMAIRE

Le participe présent

Present participles in English end with -ING. In French they end with -ANT. They are often used when two actions are described as happening at the same time.

Nous mangeons en regardant la télé.

- En sortant du bureau de porte, j'ai rencontré mon copain Max.
  (Coming out of the post office, I met my friend Max.)
- J'ai gagné €500 en travaillant au supermarché.
  (I earned €500 working at the supermarket.)

How to produce a present participle: 3 steps

(1) Use the simple present form for 'NOUS'.

nous dansons – nous finissons – nous vendons –

nous prenons – nous faisons – nous écrivons – nous mettons

(2) Take the root.

dans- finiss- vend- pren- fais- écriv- mett-

(3) Add the preposition EN and the ending -ANT.

en dansant – en finissant – en vendant – en prenant –

en faisant – en écrivant – en mettant

Remember:

The longest lasting action is the one that receives the present participle.

- En écrivant cette lettre, tu as fait trois fautes.
- J'ai cassé un verre en faisant la vaisselle.

En attendant l'autobus, nous avons vu un accident.

There are only three irregular stems for present participles:

avoir – ayant

être – étant

savoir – sachant

Ecrivez

Write a single sentence using the two sentences.

Example: – Grand-père lit son journal. Il fume sa pipe.
– *Grand-père lit son journal en fumant sa pipe.*

Les enfants apprennent l'informatique.
Ils amusent.

_____

_____

M. Chabrol pêche dans la mer.
Il attrape beaucoup de maquereaux.

_____

_____

3) Catherine garde les enfants de la voisine. Elle gagne €5.

_____

4   Je fais mes devoirs. J'écoute de la musique.

_____

5) Nous attendons le train. Nous buvons une tasse de café.

_____

6   Tu prépares le dîner. Tu chantes une chanson.

_____

7) Vous prenez l'autobus. Vous économisez de l'argent.

_____

8   Sébastien danse avec Nicole. Il regarde Caroline.

_____

9) Le professeur est entré dans la classe. Il a vu Patrick battre Daniel.

_____

10 Pierre est entré dans le jardin. Il a été attaqué par le chien.

_____

11) Vous jouerez au volleyball. Vous vous fatiguerez vite.

_____

12 Sophie travaille à l'usine. Elle ne gagne pas beaucoup d'argent.

_____

C'est demain la Fête des Mères et Lucie n'a pas assez d'argent pour acheter un cadeau pour sa mère. Elle écrit une note à son frère.

> Patrick,
> Je voudrais acheter des fleurs pour la Fête des Mères et je ne suis pas riche en ce moment. J'espère que tu n'as pas oublié que je t'ai prêté €20 la semaine dernière. Tu as promis de me rembourser samedi matin, mais je n'ai pas reçu mon argent. Fais un effort pour me rembourser aujourd'hui, sinon Maman n'aura pas de bouquet pour sa fête.
> *Lucie.*

Patrick travaille, mais il n'a pas d'argent pour tenir sa promesse.

> Lucie,
> Je n'ai pas oublié ma promesse, mais je suis fauché moi aussi. Tu sais que je recevrai mon salaire du supermarché samedi soir. Je pourrai te rembourser quand je rentrerai à la maison. Promis! Malheureusement, ce sera trop tard pour les fleurs de Maman. Je suis désolé.
> *Patrick.*

fauché – *broke*

Répondez

1. What would Lucie like to buy for Mother's Day?
2. When did she lend Patrick €20?
3. When was Patrick supposed to pay her back?
4. Why is Patrick waiting for Saturday evening?
5. When will he actually pay his sister back?

DIALOGUE

- A asks B to lend him/her some money.
- B says he/she does not have much money. B asks why A needs the money.
- A would like to buy a new tennis racket / a walkman / flowers for his/her mother / books for school / clothes / a present for a friend.
- B asks how much A wants.
- A needs €10 / €20 / €50.
- B gives A the money and asks when A will give the money back.
- A will give the money back on Monday / next week / in 3 days.

Guillaume nous décrit ce qu'il a fait samedi après-midi en sortant du collège.

MON DERNIER COURS de la semaine, c'est un cours de maths. Et je dois admettre que je ne suis pas fort en maths. Le prof nous a donné un problème d'algèbre pour lundi, mais mon meilleur copain Sébastien – qui est plus fort que moi en maths – va me donner la solution. Sébastien et moi, nous avons quitté le collège à midi et quart et nous sommes allés au MacDo où nous avons mangé un hamburger-frites. C'est Sébastien qui a payé l'addition. C'est moi qui payerai samedi prochain. Après le hamburger, nous avons fait une balade dans le centre-ville: nous avons fait du lèche-vitrines jusqu'à trois heures, puis nous sommes entrés au magasin Virgin Music pour écouter les derniers CD sur le marché. Sébastien a acheté un CD de son groupe favori; moi, je n'ai rien trouvé d'intéressant. Nous avons rencontré Maryse et Dorothée, deux copines du collège, mais elle n'ont pas voulu venir au cinéma avec nous. A quatre heures, nous sommes allés au Rex. Nous avons regardé un film de science-fiction avec beaucoup d'extra-terrestres et d'explosions dans l'espace. Pas fantastique; je n'ai rien compris à l'histoire. Nous sommes ressortis du Rex à six heures et demie, juste à temps pour prendre l'autobus et rentrer à la maison. Sébastien, qui a des problèmes avec ses parents en ce moment, a décidé de rentrer chez lui plus tard. Samedi soir, je ne suis pas sorti. Je suis resté dans ma chambre pour jouer avec mon ordinateur.

Guillaume

Répondez

1. What does Guillaume say about maths? (2 items)
2. Why did Sébastien pay the whole bill at McDonald's?
3. What did Guillaume buy at Virgin Music?
4. Why did Guillaume not find the film very interesting?
5. Why did Sébastien decide to stay in town?
6. How did Guillaume spend his Saturday evening?

Cherchez l'expression . . .

- Je suis nul
- Nous sommes sortis de l'école
- Nous avons regardé les magasins

- Elles ont refusé de nous accompagner
- Sébastien a des difficultés à la maison

165

ON S'AMUSE

A   **Chassez l'intrus**
Pick the odd one out, then explain your choice in English.

1   Un cornet de frites   un Coca-Cola   une menthe à l'eau   un Orangina

2   Se balader   se promener   faire du lèche-vitrines   faire des courses

3   jouer au rugby   jouer au flipper   jouer au billard   jouer au baby-foot

4   une moto   une bicyclette   une mobylette   un avion

5   du papier à lettres   une boite à lettres   des enveloppes

     un carnet de timbres

6   la caisse d'épargne   la poste   la banque   le lycée

B   Write in the missing horizontal words to discover the vertical word.

HORIZONTALEMENT

1   Je fais du lèche-v _ _ _ _ _ _ _ en ville quand je n'ai pas d'argent.
2   Quand tu me prêtes de l'argent, je te r _ _ _ _ _ _ _ _ toujours.
3   J'ai acheté un paquet d'e _ _ _ _ _ _ _ _ blanches au débit de tabac.
4   Je voudrais r _ _ _ _ _ _ €50 de mon livret d'épargne.
5   J'offrirai un b _ _ _ _ _ _ de fleurs à Mamam pour sa fête.
6   En sortant du collège, j'ai r _ _ _ _ _ _ _ _ Maryse et Dorothée.
7   J'écoute mon baladeur en f _ _ _ _ _ _ mes devoirs.
8   J'ai économisé €100. Je vais les loger à la c _ _ _ _ _ d'épargne.
9   Pour envoyer une lettre en Irlande, il faut un t _ _ _ _ _ à 50 cents.

VERTICALEMENT
Quand je n'ai plus d'argent, je peux _ _ _ _ _ _ _ _ _
€20 à mon mère. Elle accepte de me les prêter.

166

Unité 11

J'ai trouvé un petit boulot

Chaque été, quand les employés prennent quatre semaines de congés payés, beaucoup de jeunes Français de moins de 18 ans trouvent du travail: ils aident sur les marchés, à la ferme, dans la cuisine des restaurants, à la terrasse des bistrots. Ces petits boulots ne sont pas bien payés, mais les 'moins de 18 ans' ne payent pas d'impôts comme les adultes. Pour les passionnés d'histoire ou d'archéologie, il y a les Chantiers Internationaux de Jeunesse: on y rencontre des jeunes de tous les pays du monde, on y travaille bénévolement pour restaurer une église ou un château en ruines, pour nettoyer une rivière polluée. C'est une expérience très éducative. En automne, les jeunes font les vendanges.

les congés – *holidays*
les impôts – *the taxes*
un chantier – *a building site*
                 (*here: a work camp*)
bénévolement – *without pay*
les vendanges – *grape picking*

In this chapter you will learn how to:

- talk about your last holiday job
- say how much you earned
- read employment offers in the paper
- apply for a holiday job
- say what job you would like to do later on.

In the grammar section you will learn about:

- the verbs AVOIR and ETRE in the imparfait
- the pronoun Y.

You will also revise:

- the names of some jobs.

167

Ecoutez et Répétez

1 QUEL TRAVAIL EST-CE QUE VOUS AVEZ FAIT PENDANT LES VACANCES L'ÉTÉ DERNIER?

VIRGINIE

– J'étais caissière dans un supermarché.

ROBERT

– J'ai travaillé dans le même supermarché que Virginie, mais j'ai rempli les rayons. J'ai aidé les clients.

FLORENCE

– J'étais boulangère. J'ai vendu du pain et des gâteaux dans une boulangerie au centre-ville.

AMANDINE

– J'étais serveuse dans un restaurant. J'ai servi les clients cinq soirs par semaine.

SYLVIE

– J'ai travaillé à la pompe dans une station-service: j'ai vendu de l'essence.

BERTRAND

– J'étais employé dans une usine. J'ai fabriqué des chaussures.

SERGE

– J'étais garçon de café. J'ai travaillé derrière le bar et à la terrasse.

MONIQUE – J'étais femme de chambre dans un hôtel. J'ai rangé les chambres et j'ai fait les lits.

2

- Jacques, tu es parti en vacances après ton examen?
- Non, je ne suis pas parti en vacances. J'ai travaillé.
- Qu'est-ce que tu as fait comme travail?
- J'ai distribué des journaux.
- Ça paie bien?
- Non, pas tellement. J'ai reçu €1 pour distribuer dix journaux.
- Combien d'argent est-ce que tu as gagné?
- En moyenne, j'ai gagné €75 par semaine.
- En effet, ce n'est pas fantastique.

3

- Et toi, Monique, tu as travaillé pendant les vacances?
- Oui, j'ai travaillé pour une entreprise de nettoyage.
- Qu'est-ce que tu as fait?
- J'ai lavé des fenêtres.
- C'était intéressant?
- Oui, très intéressant. Et j'ai gagné un bon salaire.
- Combien est-ce que tu as gagné?
- J'ai reçu €300 par semaine.

4

- Tu as travaillé l'été dernier, Charles?
- Oui. J'étais moniteur dans une colonie de vacances.
- Qu'est-ce que tu as fait exactement?
- J'étais responsable d'un groupe d'enfants de 12 ans. Nous avons fait des promenades en forêt, du kayak sur la rivière, et de l'escalade en montagne.
- C'était bien payé?
- Non. J'ai gagné seulement €500 par mois. Mais j'adore travailler avec les enfants et j'ai passé des vacances très actives.

APPRENEZ L'ESSENTIEL

– J'ai travaillé à la ferme / dans un bureau / une usine / un magasin / un bistrot.

– J'ai travaillé comme garçon de café / femme de chambre.

– J'étais vendeur / vendeuse dans un magasin de vêtements / de chaussures.
– J'étais serveur / serveuse dans un café / un restaurant.
– J'étais caissier / caissière dans un supermarché.
– J'étais pompiste dans une station-service.

– J'ai gagné un bon salaire / €10 de l'heure / €400 par semaine / €1000 par mois.

LISEZ

Working in pairs, ask your partner the name of the person who does the job. Ask your questions at random.

Example: – Qui sert les clients dans un magasin?
– *La vendeuse sert les clients dans un magasin.*

1 Elle sert les clients dans un magasin.	A	Le fermier
2 Il installe l'électricité dans les maisons.	B	Le mécanicien
3 Elle contrôle la circulation en ville.	C	L'étudiante
4 Elle transporte des touristes dans son taxi.	D	La femme de chambre
5 Elle coupe et frise les cheveux de ses clients.	E	L'agent de police
6 Elle étudie la littérature à l'université.	F	Le boulanger
7 Il s'occupe des animaux à la ferme.	G	La coiffeuse
8 Elle range les chambres à l'hôtel.	H	La vendeuse
9 Elle reçoit l'argent des clients au supermarché.	I	Le professeur
10 Il répare des voitures et des camions.	J	L'électricien
11 Il fabrique du pain et des gâteaux.	K	Le docteur/la infirmière
12 Elle enseigne les mathématiques.	L	Le boucher
13 Elle soigne les malades à l'hôpital.	M	La caissière
14 Il distribue des lettres et des cartes postales.	N	Le chauffeur de taxi
15 Il vend de la viande de boeuf.	O	Le facteur

ECOUTEZ

When did they work? Where did they work? What jobs did they do?

	When?	Where?	Their jobs
Claudine	....	....	....
Jacques	....	....	....
Julie	....	....	....
Adrien	....	....	....
Alice	....	....	....

———————— LA GRAMMAIRE ————————

AVOIR et ETRE à l'imparfait

The first past tense that you have learnt was the passé composé (the perfect).
The imparfait (the imperfect) is another past tense. You will learn more about it in a following chapter.

AVOIR

J'avais	I had
Tu avais	You had (to a friend)
Il/elle avait	He/she had
Nous avions	We had
Vous aviez	You had (polite – to a group)
Ils/elles avaient	They had

ETRE

J'étais	I was
Tu étais	You were (to a friend)
Il/elle était	He/she was
Nous étions	We were
Vous étiez	You were (polite – to a group)
Ils/elles étaient	They were

Quand j'étais petit, j'avais un cheval blanc.

- Quand tu étais dans les scouts, tu avais beaucoup de copains.
- Quand nous étions à l'école primaire, nous n'avions pas beaucoup de devoirs.

Ecrivez

ETRE ou AVOIR? Complete each sentence with the correct form of the verbs ETRE and AVOIR in the imperfect.

1 Quand Pierre _____ de l'argent, il _____ heureux.

2 J'_____ triste parce que je n'_____ pas de travail.

3 Quand Catherine _____ plus jeune, elle _____ une queue de cheval.

4 Le monsieur _____ grand et il _____ les cheveux blonds.

5 Quand nous _____ en vacances, nous _____ beaucoup de temps libre.

6 Vous _____ de mauvais résultats parce que vous _____ paresseux.

7 Lès enfants _____ en retard, mais ils _____ une bonne excuse.

8 Quand les enfants _____ à l'école, ils _____ beaucoup de devoirs à faire.

Ecoutez et Ecrivez

LISTEN TO THE TAPE AND COMPLETE THE FOLLOWING TEXTS.

Trois étudiants parlent de leur travail de vacances.

1 ODILE L'été dernier, j'étais maître–nageur à la _____ municipale. J'ai travaillé tous les matins de 9 heures _____ midi. J'ai donné des leçons de _____ aux grandes personnes, j'ai surveillé les petits _____ qui ne savent pas très bien nager. J'étais responsable de la sécurité et de la propreté du bassin. C'était un travail _____ et j'ai reçu un bon salaire: €200 par _____ pour trois heures de travail chaque matin.

1 What did Odile do at the swimming pool?

2 What was she responsible for?

3 What did she receive €200 for?

2 ANATOLE

Pendant les grandes _____, j'ai travaillé à la restauration d'un vieux _____ en ruines. J'étais maçon avec d'autres étudiants, filles et garçons: des irlandais, des allemands et des _____. Nous avons construit un grand mur. Le travail n'était pas _____, mais nous avons beaucoup rigolé. Les repas étaient _____ et nous avons dormi sous des tentes. J'ai travaillé pour l'expérience parce que je n'ai pas reçu de _____, mais j'ai passé d'excellentes vacances.

1 Where did Anatole work?

2 What did his work consist of?

3 He does not regret receiving no money. Why?

3 LUCIE

Au début des vacances, je n'_____ pas de travail, donc j'ai décidé de créer mon entreprise. Mon père m'a fabriqué une petite _____ à deux places pour mettre derrière mon vélo. Un de mes clients a pris une photo de mon véhicule. _____ ma photo. J'ai fait des kilomètres et des kilomètres dans les rues de Toulouse, et les touristes étaient contents de visiter ma _____ ville dans un véhicule original. J'ai gagné beaucoup d'_____, mais chaque soir, j'étais très fatiguée. Maintenant, je suis en pleine forme physique pour _____ à l'université.

1 What did Lucie's father make for her?

2 Why were the tourists happy?

3 How does Lucie feel now?

Ecrivez

Qu'est-ce qu'ils ont fait comme travail? Use the following list of actions to write complete sentences containing a verb in the passé composé.

réparer des voitures – préparer les repas – fabriquer du pain et des gâteaux – travailler derrière le bar – distribuer le courrier – faire les lits à l'hôtel – servir les clients – vendre du jambon et des saucisses – vendre des pantalons et des chemises – rendre la monnaie aux clients – aider le fermier

Example: – Il était garçon de café. – *Il a travaillé derrière le bar.*

1 Tu étais boulanger.

_____

Elle était serveuse dans un café.

_____

Patrick était chef de cuisine.

_____

4 J'étais vendeuse dans une charcuterie. _____

5 Nous avons travaillé à la ferme.   _____

6 J'étais mécanicien dans un garage.   _____

7 Yvonne était femme de chambre.   _____

8 Tu étais caissière dans un supermarché. _____

9 J'étais facteur à la poste.   _____

10 Vous étiez vendeuse dans un magasin de vêtements.

_____

LISEZ

A

■ Job d'été

Pour cet été, il est sans doute trop tard, mais j'aimerais travailler pendant les vacances comme facteur au bureau de poste de mon village. Comment dois-je présenter ma candidature?

David Soirant
Naours (Somme)

Vous pouvez contacter le directeur du bureau de poste où vous souhaitez travailler en lui adressant une candidature spontanée. Votre courrier comportera obligatoirement une lettre de motivation et un curriculum vitae.

Répondez

I.   Which job would David like to work at?
2.   Where would he like to work?
3.   Who should he get in touch with?
4.   What should his letter include?
5.   Find a present participle.

B

Offres d'emploi
VENDEURS–VENDEUSES

* pour la saison d'été
* du 15 juin au 20 septembre
* âge minimum: 18 ans
* expérience un avantage

S'adresser personnellement à:
Grand magasin 'AUCHAN'
Service du Personnel,
Place de la Résistance,
76600 Le Havre.
– Tel: 35.45.28.96 –

On recherche:
Garçon de salle
et Serveuse

* 6 jours par semaine
* Pour travail en soirée
  de 18h à 24h
* Salaire intéressant – Repas

Se présenter au
Restaurant 'Chez Mireille'
68 rue Jeanne d'Arc, 76000 Rouen.
Tel: 35.98.12.04

Répondez

I.   Which jobs are available at the supermarket?
2.   Who are the people most likely to be given the jobs?
3.   How should you apply for a job at the supermarket?
4.   How many jobs does the restaurant offer? Which jobs?
5.   When will the employees work?
6.   In addition to an interesting salary, what does the management offer?

Une demande d'emploi

Didier Lacaze a répondu à une des offres d'emploi.

M. Didier Lacaze,
24 rue Lavoisier,
76600 Le Havre.

Le Havre, le 18 mai.

Supermarché 'Auchan',
Service du Personnel,
Place de la Résistance,
76600 Le Havre.

Monsieur,

J'ai lu votre annonce dans le journal local et je voudrais travailler au Supermarché 'Auchan' pendant mes vacances d'été. J'ai 18 ans et je vais passer mon baccalauréat en juin. J'ai l'expérience du travail dans un supermarché car l'an dernier j'ai déjà travaillé chez 'Auchan' à Strasbourg: j'ai rempli les rayons et aidé la clientèle. J'ai aussi travaillé à la caisse.

Quels sont les horaires de travail?

Quel salaire hebdomadaire est-ce que vous proposez?

Je serai disponible après mes examens qui finiront le 1er juillet. Je pourrai travailler jusqu'au 15 septembre.

Je joins ma photo, mon curriculum vitae et deux références.

Respectueuses salutations.

Didier Lacaze.

---

la caisse – *the till / cash register*
un horaire – *a timetable*
hebdomadaire – *weekly*
disponible – *available*

Répondez

1. Where did Didier find the employment offer?
2. When would he like to work?
3. What will he be doing in June?
4. What type of work has he already done?
5. What information does he require?
6. When will he be able to start work?

Écoutez et Écrivez

QU'EST-CE QUE TU AIMERAIS DEVENIR PLUS TARD?

Listen to the cassette and fill in the missing words.

1 Après le _____ , j'aimerais aller étudier l'_____ à l'université. Je voudrais devenir informaticien _____ c'est un métier d'avenir et je me passionne pour les ordinateurs. Chaque _____ , je passe au moins deux heures à travailler ou à jouer avec mon ordinateur.

SAMSON

2 Quand j'aurai mon baccalauréat, je voudrais aller à l' _____ pour devenir vétérinaire. Depuis que j'étais toute petite, j'ai toujours adoré tous les _____ . Je pense que je n'aimerais pas travailler avec les _____ , les moutons, les cochons et les autres animaux de ferme. Je préfèrerais travailler dans un _____ pour soigner des animaux exotiques.

MARGUERITE

3 Je suis au lycée agricole depuis deux ans parce que j'aimerais _____ agriculteur. Je suis né à la ferme et j'ai grandi à la _____ , alors vous comprenez, je resterai à la ferme pour _____ après mon père. Je sais que le travail est dur, que les heures sont longues et que les _____ n'existent pas, mais la vie à la ferme est idéale pour moi.

BASTIEN

DIALOGUE

- A would like to know where B is working now.
- B says that he/she is working in a shop/restaurant/hotel/pub.
- A would like to know what type of work B is doing there.
- B answers.
- A asks how many hours B works per week.
- B answers.
- A would like to know how much B earns.
- B tells his/her hourly/weekly salary.
- A comments that this is a good/bad salary.

J'AI TROUVÉ UN PETIT BOULOT

Doryse est étudiante en première année de littérature française à l'université de Nantes. Elle habite sur l'île d'Oléron.

EN JUILLET, nous avons eu une grosse tempête sur la côte atlantique. Un bateau pétrolier a eu un accident: il a fait naufrage et il a perdu sa cargaison. La mer était couverte de pétrole brut. Les plages, les oiseaux et les animaux aquatiques étaient en danger, alors les autorités ont recruté beaucoup de jeunes volontaires pour nettoyer le pétrole. J'étais en vacances et je n'avais pas de travail, donc j'ai participé au nettoyage. C'était un travail très sale, mais absolument nécessaire. J'étais dans une équipe de dix étudiants. Pendant deux mois, nous avons travaillé douze heures par jour pour nettoyer la plage. Nous n'avons pas reçu de salaire, évidemment, mais tout le monde au village était satisfait parce que maintenant la plage est presque propre. Maintenant, la saison touristique est finie, mais nous espérons que les touristes reviendront à l'île d'Oléron l'année prochaine.

Doryse

un pétrole brut – *crude oil*
faire naufrage – *to get wrecked*
une équipe – *a team*

Répondez

1. What was the weather like in July?
2. What happened to the ship?
3. What was threatened?
4. Why was Doryse able to volunteer?
5. Why are the villagers happy again?
6. What do they all hope for?

Complete each sentence with a word from the text.

1. La nuit dernière, une _____ a démoli quatre maisons au village.
2. Le gros bateau transporte une _____ de pétrole brut.
3. Beaucoup d'_____ et de poissons sont morts à cause de la pollution.
4. Les _____ – jeunes et vieux – travaillent dur et ne reçoivent pas de salaire.
5. Il y avait dix étudiants dans mon _____ .

178

Ecoutez et Répétez

1 LES TRAVAUX À LA FERME

— Tu étais en vacances à la ferme de ton grand-père, Ludovic?
— Oui, j'y ai passé deux semaines.
— Qu'est-ce que tu as fait à la ferme?
— J'ai aidé mon grand-père, j'ai donné à manger aux animaux. C'était amusant. Regardez ma photo: j'ai donné du lait aux petits agneaux.

2

— Tu as passé combien de temps à la ferme de ton oncle, Mariette?
— J'y suis restée quatre jours seulement.
— Qu'est-ce que tu as fait là-bas?
— J'ai fait de la crème, du beurre et du fromage. J'ai ramassé les oeufs pour les vendre au marché.

3

— Tu as travaillé à la ferme de tes parents l'été dernier, Patrick?
— J'y travaille tous les étés. Je voudrais devenir fermier.
— Qu'est-ce que tu as fait comme travail?
— J'ai aidé mes parents. J'ai appris à conduire le tracteur. Ce n'est pas facile. J'ai eu quelques problèmes.

4

— Tu as fait les vendanges, Claudine?
— Oui, c'était en octobre dernier. J'ai travaillé dans un vignoble.
— Qu'est-ce que tu as fait comme travail?
— J'ai cueilli des grappes de raisin.
— Le travail était facile?
— Pas du tout. J'avais mal au dos.

APPRENEZ L'ESSENTIEL

– J'ai travaillé à la ferme de mon oncle.
– J'y ai passé une semaine.
– J'y suis resté–e une quinzaine.
– J'y ai travaillé un mois.

– J'ai donné à manger aux animaux.
– J'ai appris à conduire le tracteur.
– J'ai cueilli des fruits.
– J'ai fait les vendanges.

 ## ECOUTEZ

What do you know about them?

Family name:	*Pradel*		Family name:	**Laforge**
First name:	*Olivier*		First name:	**Odile**
Age:	_____		Age:	_____
Born in:	_____		Born in:	_____
Birthday:	_____		Birthday:	_____
School:	_____		School:	_____
Class:	_____		Class:	_____
Studies:	_____		Studies:	_____
Last holidays:	_____		Last holidays:	_____
Worked in:	_____		Worked in:	_____
Job:	_____		Job:	_____
Weekly salary	_____		Hourly salary:	_____

 ## LA GRAMMAIRE

Le pronom 'Y'

The pronoun 'Y' replaces the name of a place. It is always located in front of the verb.

- Pierre travaille **à la ferme?**
- Oui, Pierre **y** travaille.

  - Catherine cueille les fruits **dans le jardin?**
  - Oui, Catherine **y** cueille les fruits.

- La fermière vend ses oeufs **au marché?**
- Non, la fermière n'**y** vend pas ses oeufs.

 **Ecrivez**

A Answer each question with a complete sentence that contains the pronoun 'Y'.

> **Example:**   – Marie recherche un emploi **dans le journal**?
> – *Oui, Marie y recherche un emploi.*

1 Paul apprend l'espagnol **au collège**?

_____

2 Les jeunes vont **à la disco** le samedi soir?

_____

3 Est-ce que Sophie distribue des journaux **dans tout le village**?

_____

4 Tu manges à la cantine?

_____

5 Tu regardes la télé dans le salon?

_____

6 Est-ce que tu fais tes devoirs dans ta chambre?

_____

7 Est-ce que tu vas au cinéma ce soir?

_____

8 Vous prenez l'autobus devant le collège, les enfants?

_____

B Turn the two sentences into a single one with 'où' in the middle.

> **Example:**   – La ferme est à côté de la forêt. Je travaille à la ferme.
> – *La ferme où je travaille est à côté de la forêt.*

1 Le restaurant n'est pas cher. Je mange au restaurant.

_____

2 La disco est au centre-ville. Nous dansons à la disco.

_____

3 L'usine produit des chaussures. Pierre travaille à l'usine.

_____

4 Le magazin est en face de l'église. Je travaille dans le magasin.

_____

5 Le camping est près de la plage. Nous passons les vacances au camping.

_____

6 La forêt est derrière chez moi. Je me promène dans la forêt.

_____

Écoutez et Écrivez

LISTEN TO THE RECORDING AND FILL IN THE MISSING WORDS.

L'hiver dernier, il a fait très _____ en Alsace: à Noël la température est descendue jusqu'à _____ 15 degrés et il a neigé. A Obernai, le village où j'habite, il y avait 30 centimètres de _____. Juste à côté de la ferme de mes parents, il y a une grande forêt où j'adore me promener. Tout y était silencieux, et je n'y ai pas vu un seul _____ . (Beaucoup de petits oiseaux sont morts l'hiver dernier à cause du froid terrible.) Je suis retournée à la _____ et mon père m'a donné un gros sac de graines. J'ai empli une boite de graines pour _____ à manger aux oiseaux. Trois _____ plus tard, je suis allée voir la boite aux graines: elle était presque vide et j'ai vu quelques oiseaux dans les arbres. Après ça, je _____ retournée régulièrement donner des graines aux oiseaux. Je crois que je leur ai sauvé la vie.

Delphine

> emplir – *to fill*
> des graines – *seeds*
> vide – *empty*
> quelques – *a few*
> sauver la vie – *save the life*

A 1   What was the weather like in Obernai at Christmas?

   (2) How does Delphine describe the forest?

   3   What did Delphine's father give her?

   (4) What did she see three days later?

   5   Why does she feel good about herself?

B Which sentences describe the picture above? ✓ or ✗

   1   La forêt est toute blanche à cause de la neige. ☐

   (2) L'arbre est en fleurs parce que le printemps arrive ☐

   3   Delphine porte des gants parce qu'elle a froid aux mains. ☐

   (4) Elle porte un bonnet de laine pour avoir chaud aux oreilles. ☐

   5   Elle emplit la boite de graines. ☐

   (6) Il n'y a plus de graines dans le sac en plastique. ☐

ON S'AMUSE

A **Chassez l'intrus**
Pick the odd one out, then explain your choice in English.

1   le boulanger   le mécanicien   le charcutier   le boucher

2   la serveuse   le garçon   la femme de chambre   le patron

3   le curriculum vitae   le carnet de timbres   la lettre de référence
    la photo d'identité

4   vendre des chaussures   fabriquer du fromage   conduire un tracteur
    donner à manger aux animaux

5   la poule   la vache   le cheval   le cochon

6   escalader la montagne   nager à la piscine   faire de l'équitation
    distribuer des journaux

7   le vétérinaire   le charcutier   le gardien de zoo   le fermier

8   rembourser une dette   acheter un cadeau   dépenser de l'argent
    gagner un salaire

B **Connect the two halves of each sentence to discover a new word.**

1	Arthur adore	E	la grasse matinée.
2	Il aime se reposer plus	R	tard chaque matin.
3	Il se lève	E	de travail dans le journal.
4	Il adore faire	X	pas d'argent.
5	Il ne se lève	A	qu'il aime travailler.
6	Dans le journal, il préfère	P	son lit.
7	Il ne cherche pas	U	pendant ses vacances.
8	Il refuse de travailler	S	lire la page sportive.
9	Arthur ne gagne	S	jamais avant midi.

Arthur déteste travailler: il est _ _ _ _ _ _ _ _ _

1	
2	.
3	
4	
5	
6	
7	
8	
9	

Unité 12

Qu'est-ce qui s'est passé?

Quand vous allez en France, avec votre famille ou chez votre correspondant, vous espérez toujours passer des vacances agréables: les plages de sable sont magnifiques, le soleil brille, le ciel est bleu et vous rencontrez de nouveaux copains. Mais les vacances ne sont pas toujours idéales. Quelquefois, il y a des petits problèmes: vous ne comprenez pas toujours les Français, ils ne vous comprennent pas bien, la nourriture est un peu étrange, etc. Et puis, il y a les gros problèmes comme l'intoxication alimentaire, les piqûres d'insectes, les coups de soleil ou les accidents de vélo. Pour ces problèmes plus graves, il faut aller à la pharmacie ou consulter le médecin, il faut aussi expliquer ce qui s'est passé. Ce n'est pas toujours facile.

agréable – *pleasant*
le sable – *sand*
la nourriture – *food*
une piqûre – *a sting*

In this chapter you will learn how to:
– talk about a few every day actions
– describe a few happy events
– say that you enjoyed yourself
– express how you hurt yourself
– talk about an accident.

In the grammar section you will learn about:
– the reflexive verbs in the passé composé,
– their negative form.

Ecoutez et Répétez

1 QU'EST-CE QUE TU AS FAIT CE MATIN?

Sept heures et demie

– Mon réveil a sonné. Je me suis réveillée.
C'était difficile.

Huit heures moins le quart

– Je me suis levée.

Huit heures moins dix

– Je suis allée à la salle de bains.
J'ai pris une douche chaude.
Je me suis lavée. Je me suis maquillée.

Huit heures

– Je suis retournée à ma chambre.
Je me suis habillée

Huit heures cinq

– Je suis descendue à la cuisine et j'ai
mangé mon petit déjeuner.

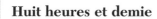

Huit heures et demie

– J'étais en retard pour aller travailler.
Je me suis dépêchée.

APPRENEZ L'ESSENTIEL

– Je me suis réveillé(e) avec difficulté à 8 heures.

– Je me suis levé(e) dix minutes après.

– Je me suis lavé(e).

– Je me suis habillé(e) dans ma chambre.

– Je me suis dépêché(e) pour prendre le train.

– Je me suis promené(e) dans le jardin public.

Ecoutez et Lisez

1

– Quand est-ce que vous vous êtes mariés?
– Nous nous sommes mariés il y a exactement un an. Nous avons célébré notre premier anniversaire de mariage samedi dernier.
– Félicitations.

1 When did they get married?

2 What did they do last Saturday?

2

– Qu'est-ce que vous avez fait quand l'équipe de France a gagné la Coupe du Monde?
– Nous avons célébré toute la nuit. Nous avons dansé et chanté dans les rues. Nous nous sommes amusés comme des fous.

1 Which event is being talked about?

2 How did they celebrate?

3

– Qu'est-ce que tu as fait d'intéressant pendant tes vacances, Sandra?
– J'ai fait un saut à l'élastique. Je me suis lancée dans le vide d'une hauteur de 60 mètres.
– Tu as eu peur?
– Oui, j'ai eu très peur.

(1) What did Sandra do during her holidays?

2 How did she feel about it?

4

– Pourquoi est-ce que tu es triste, Sophie?
– Parce que je me suis disputée avec ma meilleure copine.
– Et elle ne veut plus te parler?
– Oui. Je crois que c'est fini entre nous deux.

1 How is Sophie feeling?

(2) Why does she feel like this?

5

– Tu t'es bronzée à la plage aujourd'hui, Catherine?
– Bronzée? Non, je ne me suis pas bronzée. Regarde, j'ai le bras tout rouge. J'ai attrapé un coup de soleil. Ça fait très mal.

(1) Where did Catherine go today?

2 Where is she hurting? Why?

6

– Qu'est-ce que tu as fait aujourd'hui à ton bureau, Antoine?
– Je n'ai pas beaucoup travaillé, tu sais. Mon patron n'était pas là.
– Tu t'es reposé, alors?
– Pas exactement, non. Je me suis ennuyé.

1 Who was not at the office today?

(2) What did Antoine do all day?

Cherchez l'expression . . .

- We got married a year ago.
- We enjoyed ourselves like mad
- I threw myself into the air.
- I had a row with my friend.
- I did not get a suntan.
- You had a rest.
- I was bored.

ECOUTEZ

	What happened?	Where?	When?
Pierre & Julie	....	....	....
Cécile & Max	....	....	....
M. Dupont	....	....	....
Noémie	....	....	....
Mme Garnier	....	....	....

──────────── LA GRAMMAIRE ────────────

Les verbes réfléchis au passé composé

Reflexive verbs use auxiliary ETRE in the passé composé. They retain their reflexive pronoun and conjugate exactly like MONTER, RESTER, DESCENDRE, ARRIVER etc.

Note that the past participle agrees in gender (masculine or feminine) and number (singular or plural) with the subject.

SE LAVER

Présent simple	Passé composé
Je me lave	Je me suis lavé(e)
Tu te laves	Tu t'es lavé(e)
Il se lave	Il s'est lavé
Elle se lave	Elle s'est lavée
Nous nous lavons	Nous nous sommes lavé(e)s
Vous vous lavez	Vous vous êtes lavé(e)(s)
Ils se lavent	Ils se sont lavés
Elles se lavent	Elles se sont lavées

Negative form: Je NE me suis PAS lavé(e).

Ecrivez

Use the following expressions to write complete sentences in the passé composé that describe each of the pictures.

s'échapper du zoo – se coucher dans l'herbe – se laver avec une éponge – se faire mal au dos – s'habiller très vite – se raser avec son rasoir électrique – se tourner pour regarder derrière – se piquer en réparant ma robe – se promener dans Paris – se marier en robe blanche.

(1) Micheline _____

2 Nous _____

(3) Sophie _____

4 Tu _____

(5) Je _____

6 Charles _____

(7) Un tigre _____

8   Je _____

(9) M. Richard _____

10 Je _____

Ecrivez

A   The following sentences are in the present tense. Rewrite each of them in the past tense (passé composé).

1   Sophie se réveille à 7 heures. _____

(2) Je me lève très tôt. _____

3   Nous nous lavons à l'eau chaude. _____

(4) Tu te rases avec un rasoir électrique. _____

5   Vous vous baignez dans la mer. _____

(6) Les filles se promènent dans le parc. _____

7   Edouard se couche tard. _____

(8) Pendant les vacances, nous nous reposons. _____

9   Je m'habille avec élégance. _____

(10) Catherine se dépêche pour aller à l'école. _____

B   Choose five sentences at random and write their negative form.

DIALOGUE

Your friend asks questions to discover what you did last Sunday morning.
- At what time did you wake up?
- I woke up at (time) a.m.
- Did you get up immediately?
- No. I had a lie-in. I got up at (time) a.m.
- What did you do afterwards?
- I washed myself, then I ate breakfast at (time) a.m.
- Did you go for a walk?
- Yes, I went for a walk with my friend (name).
- Where did you go?
- We went to (place).

Ecoutez et Répétez

1
- Tu as passé de bonnes vacances dans les Alpes, Michel?
- Ah non! J'ai eu un accident.
- Quelle sorte d'accident?
- Je suis tombé en faisant du ski. Je me suis cassé une jambe.
- Pauvre Michel!

2

- Est-ce que tu voudrais un caramel, Nicola?
- Oh oui. Merci bien (miam - miam). Il est délicieux (miam - miam). Aïe!
- Qu'est-ce qu'il y a?
- Je me suis cassé une dent.

3
- Tu me passes du pain, s'il te plaît, Daniel?
- Attends, je te coupe une tranche.
- Fais attention. Le couteau est très dangereux.
- Aïe!
- Qu'est-ce que tu as fait?
- Je me suis coupé le doigt.

191

4

- Est-ce que tu viens à l'entraînement demain?
- Non, je ne peux pas jouer au rugby pendant trois mois.
- Trois mois! Pourquoi ça?
- Je me suis cassé un bras pendant le dernier match.

5

- J'ai dit à Charlotte de ne pas jouer avec les allumettes.
- Qu'est-ce qu'elle a fait?
- Elle s'est brûlé les doigts.

APPRENEZ L'ESSENTIEL

– Je me suis cassé une jambe / un bras / une dent.

– Je me suis coupé un doigt / la main.

– Je me suis brûlé les doigts.

– Je me suis fracturé le pied gauche.

– Je me suis disloqué l'épaule droite.

– Je me suis tordu la cheville.

 ## ECOUTEZ

What did they do? What accident happened?

	Did what?	The accident?
Pauline	....	....
M. Cartier	....	....
Mme Ferrand	....	....
Antoine	....	....
Véronique	....	....
Christian	....	....

LISEZ

Match the cause and the consequence to discover a new word.

1 J'ai allumé le feu dans la cheminée.
2 J'ai caressé le chien.
3 Je me suis rasé la barbe.
4 J'ai glissé sur la glace.
5 J'ai fait de l'équitation.
6 J'ai mangé un caramel.
7 J'ai cueilli des fleurs sauvages.
8 J'avais les cheveux trop longs.

E Je me suis coupé les cheveux.
R Une abeille m'a piqué.
S Je me suis cassé la jambe.
U Je me suis cassé une dent.
L Il m'a mordu la main.
S Je suis tombé de cheval.
B Je me suis brûlé les doigts.
E Je me suis coupé au menton.

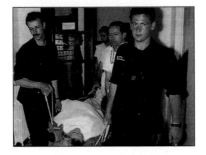

1	
2	
3	
4	
5	
6	
7	
8	

Jacques a eu un accident et il a reçu une _ _ _ _ _ _ _ _ grave: l'ambulance l'emmène à l'hôpital.

LA GRAMMAIRE

Verbes réfléchis avec un objet direct

When a reflexive verb in the passé composé has a direct object immediately following the past participle, the past participle no longer agrees in gender and number with the subject: it remains neutral.

- Catherine s'est lavée.
- Catherine s'est lavé **les mains.**
  - Pierre et Jean se sont rasés.
  - Pierre et Jean se sont rasé **les moustaches.**
- Suzanne et Sophie se sont brûlées.
- Suzanne et Sophie se sont brûlé **les doigts.**

193

Ecrivez Rewrite the following sentences in the passé composé.

1 Michel se lave les mains. _____

2 Caroline se frise les cheveux. _____

3 Nous nous brossons les dents. _____

4 Les garçons se fatiguent les yeux devant la télévision. _____

5 Je me rase la barbe. _____

6 Monique et Alice se coupent les cheveux. _____

7 Tu te laves les mains. _____

8 Vous vous brossez les cheveux. _____

LISEZ

Robert a écrit une page de son journal intime.

Mecredi 15 février.

Après le dernier cours au collège, je suis rentré chez moi sur ma mobylette. Il était cinq heures et demie, et la nuit était déjà tombée. Je n'allais pas très vite à cause de la neige. Dans le virage, j'ai vu la couche de glace, alors j'ai ralenti. Trop tard! Ma mobylette a dérapé et elle a quitté la route. Je suis tombé dans le champ couvert de neige et je me suis évanoui sous le choc de la douleur. Quand j'ai repris connaissance, j'avais la jambe droite coincée sous ma mobylette; j'avais très mal. J'ai aussitôt appelé au secours et un camion s'est arrêté. La chauffeur a appelé l'ambulance avec son téléphone portable. Maintenant, je suis à l'hôpital avec la jambe dans le plâtre.

Robert

> un virage – *a bend*
> ralentir – *to slow down*
> s'évanouir – *to lose consciousness*
> coincé – *stuck*
> Au secours! – *Help!*

Répondez

A 1. What was the weather like as Robert was cycling home?

2. Why did his moped skid?

3. In what situation was he when he regained consciousness?

4. How was the ambulance alerted?

B Underline the two reflexive verbs in the passé composé above.

Écoutez et Écrivez

A Fill in the blanks using words from the box below.

oublié – baguettes – gauche – village – tombé – écris – croissants

Hier matin, je descendais au _____ sur mon vélo pour acheter les _____ chauds et les _____ du petit déjeuner. J'étais pressé et je roulais vite. En bas de la rue, une voiture est arrivée de ma _____ . Le chauffeur ne faisait pas attention et il a _____ de ralentir. La voiture a heurté la roue avant de ma bicyclette et je suis _____ par–dessus le capot de la voiture. Maintenant, je me retrouve avec un bras dans le plâtre. Heureusement que j'_____ de la main droite!

                              Didier

pressé-e – *in a hurry*   la roue avant – *the front wheel*
ralentir – *to slow down*   par-dessus – *over*
heurter – *to hit*   le capot – *the bonnet*

B Choose an appropriate title for the text.
1 Je me suis brûlé la main.
2 Je me suis cassé le bras.
3 Je me suis coupé le doigt.
4 Je me suis fracturé le pied.

C Answer with complete sentences using part of the questions.

1 Comment est-ce que <u>Didier est allé au village</u>?

2 Qu'est-ce que <u>Didier mange</u> <u>au petit déjeuner</u>?
                        1   2

3 Pourquoi est-ce qu'<u>il roulait vite</u>?

4 Pourquoi est-ce que <u>le chauffeur n'a pas ralenti</u>?

5 Comment est-ce que <u>Didier écrit cette lettre</u>?

2

A Fill in the blanks using words from the box below.

arrivée – mis – beurre – lait –première – reçu – crêpes

Hier, c'était la Chandeleur, alors ma mère m'a demandé de faire des
_____. J'ai préparé la pâte avec de la farine, des oeufs, du lait
et un peu de rhum, puis j'ai _____ la pâte au frigo. Juste avant
le dîner, j'ai mis la poêle à frire sur la cuisinière à gaz pour faire fondre
du _____ et de l'huile. J'ai versé de la pâte dans la poêle à frire
pour faire ma _____ crêpe. Quand elle était dorée d'un côté,
j'ai voulu lancer ma crêpe en l'air pour la retourner.
Malheureusement, la queue de la poêle a tourné et j'ai _____
de l'huile bouillante sur la main. J'ai hurlé et ma mère est
_____ en panique.

Dominique.

la Chandeleur – *Candlemas*
la pâte – *the batter*
la poêle à frire – *the frying pan*
fondre – *to melt*
doré–e – *golden*
bouillant – *boiling*
hurler – *to scream*

B Choose an appropriate title for the text.

1 Je me suis brûlé le pied.
2 Je me suis coupé le doigt.
3 Je me suis cassé une dent.
4 Je me suis brûlé la main.

C Answer with complete sentences using part of the questions.

(1) Avec quoi est-ce que Dominique a fait des crêpes?
    2   1

2 Dans quoi est-ce qu'elle a préparé les crêpes?
    2   1

(3) Pourquoi est-ce que Dominique a reçu de l'huile sur la main?

4 Pourquoi est-ce que sa mère est arrivée en panique?

Ecrivez

Qu'est-ce que tu as fait?

1 _____

2 _____

3 _____

4 _____

5 _____

6 _____

7 _____

8 _____

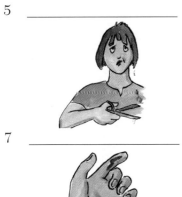

9 _____

10 _____

197

LISEZ

Paris, le 8 avril.

Cher François,

Excuse–moi de n'avoir pas écrit plus vite. J'ai reçu ta dernière lettre il y a un mois, mais je ne t'ai pas oublié.

J'ai passé les vacances de Pâques dans les Alpes avec ma famille. Nous étions dans un hôtel très confortable, il y avait beaucoup de neige et l'ambiance sur les pistes était formidable.

Le premier jour, nous avons loué des équipements pour faire du ski, puis nous sommes montés jusqu'au sommete. J'ai pris une piste pour les avancés (Je fais du ski chaque année depuis l'âge de 10 ans, tu sais). Malheureusement, je suis descendu trop vite et j'ai perdu l'équilibre: je suis sorti de la piste et je suis mal tombé. Je me suis disloqué l'épaule et cassé le bras droit. J'avais tellement mal que je me suis évanoui. Mes parents ont appelé l'hélicoptère de secours, et je suis arrivé à l'hôpital un quart d'heure plus tard. Le médecin m'a plâtré le bras et je suis resté deux jours en observation à l'hôpital.

Je suis rentré à la maison il y a trois jours. Je ne peux pas écrire à cause de mon plâtre, c'est pourquoi je tape ta lettre sur mon ordinateur.

C'est tout pour maintenant. Bien des choses de ma part à tes parents.

Ecris-moi vite.
Ton ami,
Bertrand.

Cherchez l'expression . . .

- I have not forgotten you
- The ski-lift
- I lost my balance
- It hurt so much that I fainted
- The doctor plastered my arm
- I am typing your letter
- My regards to your parents

Répondez

1. When did Bertrand receive François' letter?
2. When did he go skiing?
3. When did Bertrand start skiing?
4. What happened before he fell?
5. What did the doctor do to Bertrand?
6. How did Bertrand write this letter?

ON S'AMUSE

Match the two halves of each sentence to discover a new word.

1   Sophie faisait du ski
2   Je mangeais un caramel
3   Je jouais avec des allumettes
4   Le couteau a glissé
5   Charles voulait allumer sa cigarette
6   Le réveil a sonné à sept heures
7   J'étais fatigué après les examens
8   Tu as fini de réparer ta moto, puis
9   Ma petite amie n'aimait pas ma barbe

I   Je me suis rasé.
L   Je me suis levé aussitôt.
U   Je me suis coupé un doigt.
É   Je me suis cassé une dent
S   Tu t'es lavé les mains.
B   Elle s'est cassé une jambe.
L   Il s'est brûlé la moustache.
Q   Je me suis brûlé les doigts.
E   Je me suis reposé pendant une semaine.

1	
2	
3	
4	
5	
6	
7	
8	
9	

Micheline s'est fracturé le pied gauche, alors maintenant elle marche avec des _ _ _ _ _ _ _ _ _

Unité 13

Il y a trois grandes marques de voitures en France: Renault, Peugeot et Citroën. La firme Matra fabrique exclusivement des voitures de course. En plus des voitures qu'ils produisent, les Français achètent aussi beaucoup de voitures allemandes, anglaises, italiennes et japonaises. On voit très peu de voitures américaines sur les routes de France.

Il y a 5000 km d'autoroutes en France. Ces autoroutes sont très larges, très droites et rapides. On peut traverser toute la France de Dunkerque à Perpignan et de Brest à Strasbourg par l'autoroute. Ce sont des autoroutes à péage: c'est-à-dire que de temps en temps, il faut s'arrêter pour payer.

In this chapter you will learn how to:

– buy petrol
– use the services at the filling station
– say what is wrong with your car
– list the repairs to be done to your vehicle.

In the grammar section you will learn about:

– means of transport and
– 'Il faut' + infinitive.

You will also learn:

– the imperative
You will also read about the greatest car race in France.

Ecoutez et Répétez

1

- – Regarde, Michel, le réservoir est presque vide. Il faut acheter de l'essence.
- – Il y a une station-service à trois kilomètres d'ici.
- – Et moi, je voudrais aller aux toilettes.
- – Attends un peu. On arrive bientôt.

2

- – Bonjour, Monsieur. Donnez-moi €50 d'essence, s'il vous plaît.
- – De l'ordinaire ou du super?
- – Du super. Est-ce que vous pouvez nettoyer le pare-brise, s'il vous plaît?
- – Pas de problème. Et voilà! Ça fait €40 pour l'essence, et c'est gratuit pour le pare-brise.
- – Merci bien. Au revoir.
- – Bonne route.

3

- – Bonjour, Monsieur. Faites-moi le plein?
- – Vous prenez de l'essence avec ou sans plomb?
- – Sans plomb. Et donnez-moi aussi un bidon d'huile.
- – Et voilà! Ça fait €50 pour l'essence et €8 pour l'huile: €58 au total, s'il vous plaît.
- – Vous pouvez vérifier la pression des pneus?
- – Tout de suite.

4

- – Bonjour, Mademoiselle. Qu'y a-t-il pour votre service?
- – Mon pare-brise est cassé. Vous pouvez le remplacer?
- – Mais oui. Ce n'est pas grave. Votre assurance vous remboursera.
- – J'espère bien.

APPRENEZ L'ESSENTIEL

– Je vais à la station-service pour acheter de l'essence.

– Donnez-moi un bidon d'huile.   €50 d'essence.

– Vous pouvez . . .   faire le plein?
nettoyer le pare-brise?
vérifier la pression des pneus?
vérifier le niveau d'huile?
recharger la batterie?

– J'ai une crevaison / J'ai un pneu crevé.

LISEZ

Indicate with a tick ✔ who is speaking.

	Le/la client-e	Le mécanicien
J'ai besoin d'essence.		
Je vais vérifier la pression de vos pneus.		
Je peux nettoyer votre pare-brise?		
Mon assurance me remboursera.		
Il me faut un bidon d'huile.		
Mon clignotant gauche ne marche plus.		
Ça fait €200 pour la réparation.		
Je crois que ma batterie est morte.		
Vous voulez le plein de super?		
J'ai réparé votre pneu crevé.		

ECOUTEZ

What do they buy? Which service do they require?

	Buys	Service
M. Pottier	....	....
Mme Fournier	....	....
Mme Pinaud	....	....
Melle Jourdain	....	....
M. Laforge	....	....

LISEZ

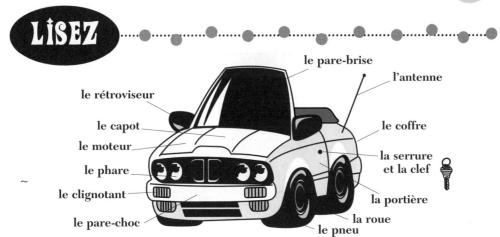

le pare-brise

l'antenne

le rétroviseur

le capot

le moteur

le phare

le clignotant

le pare-choc

le coffre

la serrure
et la clef

la portière

la roue

le pneu

Ecrivez

Use the labels above to complete these sentences.

1 Pour regarder le moteur, le chauffeur lève le _____ .

2 Quand on veut tourner à droite ou à gauche, on utilise le _____ .

3 Quand il fait nuit, on allume les _____ .

4 Pour faire marche arrière le chauffeur regarde dans le _____ .

5 Pour ouvrir la portière, on met la _____ dans la_____ .

6 On porte les bagages des passagers dans le _____ .

7 Chaque voiture a 5 _____ : il y a une _____ de secours dans le coffre.

8 Quand les _____ sont lisses et usés, il est très dangereux de conduire.

Ecrivez

Write a sentence to describe where they went and how they travelled.

Example: – Last week – Le Docteur – 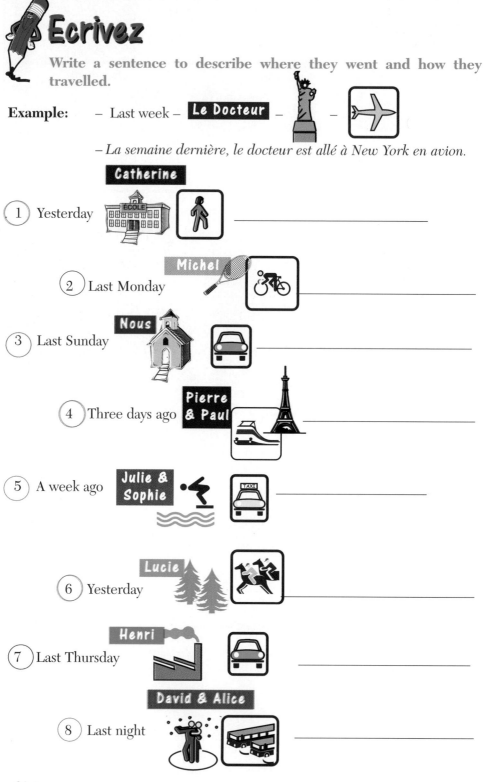 –

– *La semaine dernière, le docteur est allé à New York en avion.*

1 Yesterday — Catherine _____

2 Last Monday — Michel _____

3 Last Sunday — Nous _____

4 Three days ago — Pierre & Paul _____

5 A week ago — Julie & Sophie _____

6 Yesterday — Lucie _____

7 Last Thursday — Henri _____

8 Last night — David & Alice _____

204

NOUVELLE INVITATION

Ecrivez

Use part of the question to give a complete sentence.

(1) Est-ce que tes parents ont une voiture?

_____

2   C'est une voiture de marque française?

_____

(3) Cette voiture est de quelle marque?

_____

4   Elle est de quelle couleur?

_____

(5) Elle est neuve ou vieille?

_____

6   Elle a quel âge?

_____

(7) Qui conduit la voiture le plus souvent?

_____

8   Est-ce que tu as ton permis de conduire?

_____

(9) Est-ce que tu laves la voiture pour gagner de l'argent de poche?

_____

10 Est-ce que tu as déjà conduit la voiture de tes parents?

_____

(11) Quelle marque de voiture est-ce que tu préfères?

_____

12 Est-ce que tu aimes la vitesse?

_____

(13) Comment s'appelle ton coureur automobile préféré?

_____

14 Est-ce que tu t'intéresses aux voitures de courses?

LA GRAMMAIRE

L'impératif

The imperative mood is used to give orders. In your books *Invitation au Français* and *Nouvelle Invitation* you will have read orders on every page:

Ecoutez – Répétez – Répondez – Lisez – Ecrivez

– You can give orders to a friend:
- – Mange la soupe.
- – Ecoute le professeur.
- – Révise pour l'examen.

– You can express 'Let's . . .':
- – Mangeons la soupe.
- – Ecoutons le professeur.
- – Révisons pour l'examen.

– You can give orders to a stranger or to a group:
- – Mangez la soupe.
- – Ecoutez le professeur.
- – Révisez pour l'examen.

Note that the imperative is based on the ordinary present tense, except that the personal pronouns have disappeared. For the verbs whose infinitive ends with -ER, the -S also disappears when you write an order to a friend.

	Present tense	**Imperative**
DANSER	Tu danses la valse.	Danse la valse.
APPORTER	Tu apportes ta guitare	Apporte ta guitare.
ALLER	Tu vas à l'école	Va à l'école.

DANSER	**FINIR**	**VENDRE**
Danse.	Finis.	Vends.
Dansons.	Finissons.	Vendons.
Dansez.	Finissez.	Vendez.

Reflexive verbs in the imperative:

SE RASER
Rase-toi.
Rasons-nous.
Rasez-vous.

'Rase-toi'

There are only three irregular verbs in the imperative:

AVOIR	**ETRE**	**SAVOIR**
Aies.	Sois.	Saches.
Ayons.	Soyons.	Sachons.
Ayez.	Soyez.	Sachez.

Ecrivez

Write a complete order: first to a friend, then to a stranger.

Example: – Play table tennis with me.
   – *Joue au ping pong avec moi.*
   – *Jouez au ping pong avec moi.*

1　Look at the film.　_____

　　_____

2　Work in the garden.　_____

　　_____

3　Bring me a lemonade.　_____

　　_____

4　Repair my car.　_____

　　_____

5　Give me a book.　_____

　　_____

6　Read this magazine.　_____

　　_____

7　Write a letter to Catherine._____

　　_____

8.　Drink a cup of tea.　_____

　　_____

9　Go to the cinema.　_____

　　_____

10　Wait for me.　_____

　　_____

Ecrivez

Qu'est-ce qu'il faut faire? Write two sentences: the first one to describe the situation, the second to express what must be done.

Example: – Quand votre voiture est sale, il faut la laver.
                 – *Votre voiture est sale. Lavez–la.*

1   Quand la voiture est en panne, il faut la dépanner.

_____

2   Quand le pare-brise est cassé, il faut le changer.

_____

3   Quand le mécanicien n'est pas là, il faut l'appeler.

_____

4   Quand les pneus sont crevés, il faut les réparer.

_____

5   Quand la pression des pneus n'est pas correcte, il faut la vérifier.

_____

6   Quand le réservoir est vide, il faut l'emplir.

_____

7.   Quand la pelouse est trop longue, il faut la couper.

_____

8   Quand les enfants ont bien travaillé, il faut les récompenser.

_____

9   Quand l'exercice n'est pas difficile, il faut le faire.

_____

10 Quand le film est intéressant, il faut le regarder.

_____

LISEZ

ALEX

J'ai 18 ans et cette année, je suis en Terminale au Lycée Technique à Montluçon. J'étudie la mécanique automobile parce que plus tard je voudrais devenir mécanicien comme mon père. Mon père, il est propriétaire d'une petite station-service à la sortie de la ville, juste avant la Route Nationale. Son garage, ce n'est pas une grosse entreprise: il travaille seul avec un apprenti, mais il a une bonne réputation à Montluçon et dans toute la région. Maintenant je suis en vacances scolaires et je travaille avec mon père. Evidemment, je ne suis pas encore qualifié, donc je ne fais pas de réparations compliquées. Je change des batteries, je gonfle des pneus, je remplace des ampoules de phares. Rien de très difficile, mais j'apprends beaucoup de choses quand je regarde mon père. Quand je l'observe, il m'explique toujours ce qu'il fait, et moi, je n'oublie rien. Quand je sortirai du Lycée, je voudrais travailler chez Matra comme apprenti. Je rêve de travailler sur des voitures de course, mais je dois attendre encore quatre ou cinq ans avant d'être finalement qualifié.

Alex.

Cherchez l'expression ...

- car mechanics
- just outside town
- a big business
- I put air in the tyres
- head-light bulbs
- I forget nothing

Répondez

1. Where and what is Alex studying?
2. Where is his father's garage situated?
3. How big is his father's business?
4. Why can Alex do only simple repairs?
5. What happens when Alex observes his father?
6. What is Alex's dream?

LA GRAMMAIRE

L'Imparfait

The imperfect is that form of the past tense which is found with expressions of frequency, in other words when a past action was repeated regularly.

Example: – Every week I used to wash my dog.
– *Chaque semaine, je lavais mon chien.*

Tous les jours	chaque jour	every/each day
Tous les matins	chaque matin	every/each morning
Tous les soirs	chaque soir	every/each evening
Toutes les nuits	chaque nuit	every/each night
Toutes les semaines	chaque semaine	every/each week
Tous les mois	chaque mois.	every/each month
Tous les ans	Chaque année	every/each year

Tous les deux ans, Pierre redécorait l'appartement.

The imperfect is formed by adding the endings:

–ais / –ais / –ait / –ions / –iez / –aient

DANSER	FINIR	VENDRE
Je dansais	Je finissais	Je vendais
Tu dansais	Tu finissais	Tu vendais
Il/elle dansait	Il/elle finissait	Il/elle vendait
Nous dansions	Nous finissions	Nous vendions
Vous dansiez	Vous finissiez	Vous vendiez
Ils/elles dansaient	Ils/elles finissaient	Ils/elles vendaient

For all irregular verbs the imperfect is based on the NOUS form of the present tense.

Infinitive	nous (present tense)	Imperfect
Boire	Nous buvons	Nous buvions – je buvais
Conduire	Nous conduisons	Nous conduisions – je conduisais
Devoir	Nous devons	Nous devions – je devais
Écrire	Nous écrivons	Nous écrivions – j'écrivais
Faire	Nous faisons	Nous faisions – je faisais
Lire	Nous lisons	Nous lisions – je lisais
Mettre	Nous mettons	Nous mettions – je mettais
Pouvoir	Nous pouvons	Nous pouvions – je pouvais
Prendre	Nous prenons	Nous prenions – je prenais
Rougir	Nous rougissons	Nous rougissions – je rougissais
Savoir	Nous savons	Nous savions – je savais

Ecrivez

Use the following list of expressions to write complete sentences in the imperfect.

> organiser des barbecues – donner 10 litres de lait – couper les cheveux de ma copine – préparer le dîner – choisir des vêtements différents – boire un verre à la terrasse – acheter de nouveaux CD

1 Tous les étés, nous _____

2 Chaque soir, je _____

3 Tous les jours, ma vache _____

4 Chaque après-midi, vous _____

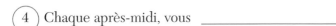

5 Chaque semaine, Odile _____

6 Tous les mois, je _____

7 Chaque matin, tu _____

LISEZ

Tick ✓ all possible answers in each of the following statements.

1 Chaque matin, avant d'aller à l'école,
- ☐ je mettais mes livres dans mon cartable.
- ☐ je mangeais un bifteck-frites.
- ☐ je disais 'au revoir' à ma mère.
- ☐ je faisais mon lit.
- ☐ je travaillais à l'usine.

2 Tous les jours, en arrivant au collège,
- ☐ tu promenais ton chien.
- ☐ tu bavardais avec tes copains.
- ☐ tu révisais tes leçons.
- ☐ tu prenais une bonne douche.
- ☐ tu te lavais les cheveux.

3 A chaque récréation,
- ☐ Patrick jouait au basket.
- ☐ il buvait une canette de Coca.
- ☐ il attendait l'autobus à l'arrêt.
- ☐ il faisait de l'équitation.
- ☐ il mangeait une barre de chocolat.

4 Chaque midi, à la cantine,
- ☐ nous recevions un repas chaud.
- ☐ nous mangions de bonne appétit.
- ☐ nous préparions une omelette au fromage.
- ☐ nous avions une pomme comme dessert.

5 A chaque classe de sport,
- ☐ vous lisiez un magazine sportif.
- ☐ vous faisiez de la natation.
- ☐ vous écriviez à vos correspondants.
- ☐ vous mettiez un imperméable.
- ☐ vous aidiez vos amis à faire leurs devoirs.

6 Tous les soirs après l'école,
- ☐ les filles faisaient leurs devoirs.
- ☐ elles regardaient un feuilleton à la télé.
- ☐ elles prenaient un rendez-vous chez le dentiste.
- ☐ elles passaient une heure au téléphone.
- ☐ elles faisaient la grasse matinée.

Ecoutez et Répétez

1
- Qu'est-ce qui ne marche pas?
- Je crois que la batterie est à plat.
- Il faut la recharger.

2
- Votre voiture est en panne?
- Non, j'ai perdu mes clés. Je ne peux pas ouvrir la portière.
- Il faut appeler un mécanicien.

3
- Je ne peux pas m'arrêter!
- Qu'est-ce qui se passe?
- Les freins ne fonctionnent plus.
- Utilise le frein à main.

4
- Qu'est-ce qui se passe?
- Je crois que j'ai un pneu crevé.
- Il faut changer la roue, alors. Si tu veux, je peux t'aider.
- Merci, tu es bien gentil.

5
- Regarde toute cette vapeur qui sort du moteur. Qu'est-ce que c'est?
- Il n'y a plus d'eau dans le radiateur.
- Alors, il faut arrêter et aller chercher de l'eau à la fontaine.
- Vas-y, toi. Moi, je vais lever le capot.

213

6

– Garage du Centre. Je vous écoute.
– Bonjour, Monsieur. Ma voiture est tombée en panne. Est-ce que vous pouvez venir me dépanner?
– Où est votre voiture en ce moment?
– Sur le parking devant l'église.
– Je vois. Attendez dix minutes. J'arrive.

APPRENEZ L'ESSENTIEL

Ma voiture est en panne.

Qu'est-ce qui se passe?	Donc . . .
– La batterie est à plat.	Il faut la recharger.
– Les freins ne fonctionnent plus.	Il faut les réparer.
– Le radiateur est vide.	Il faut le remplir d'eau.
– Le pneu est crevé.	Il faut le réparer.
– J'ai perdu la clé de contact.	Il faut la chercher.

Vous pouvez venir me dépanner?

LISEZ

Le code de la route

Match each road sign and its meaning to discover the name of the last sign.

1 Interdiction de stationner
2 Interdiction de tourner à gauche
3 Sens interdit
4 Tournez à la droite
5 Fin de limitation de vitesse
6 Vitesse limitée à 60 km/h
7 Interdiction de doubler
8 Sens giratoire
9 Passage pour enfants

U R U

T A T

O E O

SCHOOL CHILDREN CROSSING

60

Une _ _ _ _ _ _ _ _ _

1	
2	
3	
4	
5	
6	
7	
8	
9	

Écoutez et Lisez

Hier soir, il était environ six heures et je revenais du travail. Il faisait déjà presque nuit. J'étais arrivé à la sortie du village, juste avant le pont, et je ne conduisais pas vite: je faisais peut-être du 60 km/h parce qu'il y a une limitation de vitesse sur cette route. Après le virage, j'ai aperçu un ballon qui traversait la rue. J'ai ralenti un peu pour éviter le ballon. Un petit garçon, que je n'avais pas vu, a couru après son ballon: il est passé juste devant ma voiture, sans regarder à droite ou à gauche, sans faire attention. Heureusement que j'ai d'excellents réflexes. J'ai donné un coup de frein brusque: il était à moins de trois mètres devant moi. Sa mère, qui est arrivée immédiatement pour le ramener sur le trottoir, m'a regardé comme si j'étais un criminel. Elle a aussi réprimandé son fils. Le petit garçon n'a pas écouté sa mère: il est allé rejoindre ses copains dans le jardin public et ils ont continué de jouer au foot.

Maurice Geffroy.

la vitesse – *the speed* (vite – *fast*)	ralentir – *to slow down*
le virage – *the bend / the curve*	le frein – *the brake*
apercevoir – *to see / to notice*	ramener – *to bring back*
traverser – *to cross*	le trottoir – *the pavement*

Use part of the question to write your answer as a complete sentence.

1. Où est-ce que l'incident s'est produit?
2. Pourquoi est-ce que Maurice ne conduisait pas vite?
3. Qui est passé juste devant la voiture?
4. Comment sont les reflexes de Maurice?
5. Qui a réprimandé le garçon?
6. Avec qui est-ce que le garçon est allé jouer?
7. Où étaient les autres garçons?
8. A quel sport est-ce que les garçons jouaient?

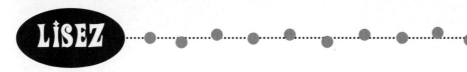

Les 24 Heures du Mans

CHAQUE ANNÉE, le week-end de la Fête des Pères, c'est-à-dire vers les 16/17/18 juin, il y a une course automobile célèbre au Mans, une grande ville historique dans le nord-ouest de la France. Le circuit automobile du Mans est long de 13,6 km et environ cinquante voitures participent à la course qui dure exactement 24 heures. Cette course commence le samedi après-midi à 15 heures et se termine le dimanche précisément à la même heure. Chaque voiture a deux chauffeurs: l'un remplace l'autre au volant quand il est fatigué. Les voitures s'arrêtent pour changer de pneus, prendre de l'essence et pour certaines réparations mineures. La vitesse maximum dans la ligne droite est de 380 km/h, et en 24 heures les voitures couvrent une distance d'environ 5000 km. Les équipes portent les noms des fabriquants de leurs voitures: Ford, Peugeot, Toyota, Ferrari, Matra, McLaren, Mercedes-Benz, Porsche, etc. Les équipes qui ont obtenu le plus grand nombre de victoires dans cette course s'appellent Ford, Porsche et Ferrari. Il y a très peu d'accidents graves aux 24 Heures du Mans car la sécurité est essentielle. Le vainqueur de la course reçoit un prix de €50.000. Chaque année, la vitesse devient de plus en plus rapide et la distance couverte de plus en plus longue.

> vers – *about*
> le volant – *the steering wheel*

Fill in the missing information.

1. Dates de la course _____
2. Durée de la course _____
3. Date et heure du départ _____
4. Date et heure de l'arrivée _____
5. Longueur du circuit _____
6. Nombre de chauffeurs par voiture _____
7. Récompense du vainqueur _____
8. Vitesse maximum _____
9. Distance couverte _____

Answers to Quiz on p. 217

Answers to Quiz on p. 217

1 Rennes 2 Eiffel 3 des voitures 4 Concorde 5 du chou 6 de la farine, du lait, des oeufs 7 la Seine 8 la SNCF 9 bleu, blanc, rouge 10 Napoléon 11 les autoroutes 12 la Marseillaise 13 la Normandie 14 les Alpes 15 Notre Dame

A SAVEZ-VOUS POURQUOI?

Connaissez-vous la cause de ce mystérieux sourire de 'La Joconde' de Léonard de Vinci? Parce qu'elle vaut 100 millions d'euro. C'est à ce prix qu'une compagnie d'assurances a estimé le tableau le plus célèbre du monde, quand il a quitté le Musée du Louvre pour être exposé aux Etats-Unis.

un sourire – *a smile*
valoir – *to be worth*
il vaut – *it is worth*

What happened when Mona Lisa left
Le Louvre to go to the USA?

B ANSWER IN FRENCH OR IN ENGLISH
1 Quelle ville est la capitale de la Bretagne?
2 Comment s'appelle l'ingénieur qui a dessiné la plus grande tour de Paris?
3 Qu'est-ce que les firmes Citroën, Peugeot et Matra fabriquent?
4 Comment s'appelle l'avion supersonic fabriqué par la France et la Grande-Bretagne?
5 Quel est l'ingrédient de base de la choucroute?
6 Quels sont les ingrédients pour faire des crêpes?
7 Quelle rivière traverse Paris et la Normandie?
8 Comment s'appelle la compagnie nationale des trains?
9 Quelles sont les couleurs du drapeau français?
10 Comment s'appelait l'Empereur des Français?
11 Comment s'appellent les grandes routes à péage?
12 Comment s'appelle l'Hymne National des Français?
13 La ville de Rouen est la capitale de quelle province?
14 Le Mont Blanc est situé dans quelles montagnes?
15 Comment s'appelle la plus grande cathédrale de Paris?

Les réponses sont à la page 216.

Les verbes

REGULAR VERBS

–ER (e.g. DANSER)	–IR (e.g. FINIR)	–RE (e.g. VENDRE)
	PRESENT TENSE	
Je danse	Je finis	Je vends
Tu danses	Tu finis	Tu vends
Il danse	Il finit	Il vend
Nous dansons	Nous finissons	Nous vendons
Vous dansez	Vous finissez	Vous vendez
Ils/Elles dansent	Ils/Elles finissent	Ils/Elles vendent
	PASSÉ COMPOSÉ	
J'ai dansé	J'ai fini	J'ai vendu
Tu as dansé	Tu as fini	Tu as vendu
Il a dansé	Il a fini	Il a vendu
Nous avons dansé	Nous avons fini	Nous avons vendu
Vous avez dansé	Vous avez fini	Vous avez vendu
Ils/Elles ont dansé	Ils/Elles ont fini	Ils/Elles vendu
	IMPARFAIT	
Je dansais	Je finissais	Je vendais
Tu dansais	Tu finissais	Tu vendais
Il dansait	Il finissait	Il vendait
Nous dansions	Nous finissions	Nous vendions
Vous dansiez	Vous finissiez	Vous vendiez
Ils/Elles dansaient	Ils/Elles finissaient	Ils/Elles vendaient
	FUTURE	
Je danserai	Je finirai	Je vendrai
Tu danseras	Tu finiras	Tu vendras
Il dansera	Il finira	Il vendra
Nous danserons	Nous finirons	Nous vendrons
Vous danserez	Vous finirez	Vous vendrez
Ils/Elles danseront	Ils/Elles finiront	Ils/Elles vendront

IRREGULAR VERBS
1 Present tense / 2 Passé composé / 3 Imparfait / 4 Future
(Only the first person is given in 2, 3 and 4. The others keep the same stem and add endings learned during the lessons.)

Aller To go 1 Je vais / tu vas / il va / nous allons / vous allez / ils vont **2** Je suis allé(e) **3** J'allais **4** J'irai

S'appeler To be called 1 Je m'appelle / tu t'appelles / il s'appelle / nous nous appelons / vous vous appelez / ils s'appellent **2** Je me suis appelé(e) **3** Je m'appelais **4** Je m'appellerai

S'asseoir To sit down 1 Je m'assieds / tu t'assieds / il s'assied / nous nous asseyons / vous vous asseyez / ils s'asseyent **2** Je me suis assis(e) **3** Je m'asseyais **4** Je m'assiérai

Avoir To have 1 J'ai / tu as / il a / nous avons / vous avez / ils ont **2** J'ai eu **3** J'avais **4** J'aurai

Battre To beat 1 Je bats / tu bats / il bat / nous battons / vous battez / ils battent **2** J'ai battu **3** Je battais **4** Je battrai

Boire To drink 1 Je bois / tu bois / il boit / nous buvons / vous buvez / ils boivent **2** J'ai bu **3** Je buvais **4** Je boirai

Conduire To drive 1 Je conduis / tu conduis / il conduit / nous conduisons / vous conduisez / ils conduisent **2** J'ai conduit **3** Je conduisais **4** Je conduirai

Connaître To know 1 Je connais / tu connais / il connaît / nous connaissons / vous connaissez / ils connaissent **2** J'ai connu **3** Je connaissais **4** Je connaîtrai

Courir To run 1 Je cours / tu cours / il court / nous courons / vous courez / ils courent **2** J'ai couru **3** Je courais **4** Je courrai

Croire To believe 1 Je crois / tu crois / il croit / nous croyons / vous croyez / ils croient **2** J'ai cru **3** Je croyais **4** Je croirai

Descendre To go down 1 Je descends / tu descends / il descend / nous descendons / vous descendez / ils descendent **2** Je suis descendu(e) **3** Je descendais **4** Je descendrai

Devoir Must 1 Je dois / tu dois / il doit / nous devons / vous devez / ils doivent **2** J'ai dû **3** Je devais **4** Je devrai

Dormir To sleep 1 Je dors / tu dors / il dort / nous dormons / vous dormez / ils dorment **2** J'ai dormi **3** Je dormais **4** Je dormirai

Dire To say 1 Je dis / tu dis / il dit / nous disons / vous dîtes / ils disent **2** J'ai dit **3** Je disais **4** Je dirai

Ecrire To write 1 J'écris / tu écris / il écrit / nos écrivons / vous écrivez / ils écrivent **2** J'ai écrit **3** J'écrivais **4** J'écrirai

Etre To be 1 Je suis / tu es / il est / nous sommes / vous êtes / ils sont **2** J'ai été **3** J'étais **4** Je serai

Faire To do 1 Je fais / tu fais / il fait / nous faisons / vous faites / ils font **2** J'ai fait **3** Je faisais **4** Je ferai

Falloir To be necessary 1 Il faut **2** Il a fallu **3** Il fallait **4** Il faudra

Lire To read 1 Je lis / tu lis / il lit / nous lisons / vous lisez / ils lisent **2** J'ai lu **3** Je lisais **4** Je lirai

Mettre To put 1 Je mets / tu mets / il met / nous mettons / vous mettez / ils mettent **2** J'ai mis **3** Je mettais **4** je mettrai

Mourir To die 1 Je meurs / tu meurs / il meurt / nous mourons / vous mourez / ils meurent **2** Je suis mort(e) **3** Je mourais **4** Je mourrai

Naître To be born 1 Je nais / tu nais / il naît / nous naissons / vous naissez / ils naissent **2** Je suis né(e) **3** Je naissais **4** Je naîtrai

Offrir To offer 1 J'offre / tu offres / il offre / nous offrons / vous offrez / ils offrent **2** J'ai offert **3** J'offrais **4** J'offrirai

Ouvrir To open 1 J'ouvre / tu ouvres / il ouvre / nous ouvrons / vous ouvrez / ils ouvrent **2** J'ai ouvert **3** J'ouvrais **4** J'ouvrirai

Partir To leave 1 Je pars / tu pars / il part / nous partons / vous partez / ils partent **2** Je suis parti(e) **3** Je partais **4** Je partirai

Peindre To paint 1 Je peins / tu peins / il peint / nous peignons / vous peignez / ils peignent **2** J'ai peint **3** Je peignais **4** Je peindrai

Pleuvoir To rain 1 Il pleut **2** Il a plu **3** Il pleuvait **4** Il pleuvra

Pouvoir Can / May 1 Je peux / tu peux / il peut / nous pouvons / vous pouvez / ils peuvent **2** J'ai pu **3** Je pouvais **4** Je pourrai

Prendre To take 1 Je prends / tu prends / il prend / nous prenons / vous prenez / ils prennent **2** J'ai pris **3** Je prenais **4** Je prendrai

Recevoir To receive 1 Je reçois / tu reçois / il reçoit / nous recevons / vous recevez / ils reçoivent **2** J'ai reçu **3** Je recevais **4** Je recevrai

Rire To laugh 1 Je ris / tu ris / il rit / nous rions / vous riez / ils rient **2** J'ai ri **3** Je riais **4** Je rirai

Savoir To know 1 Je sais / tu sais / il sait / nous savons / vous savez / ils savent **2** J'ai su **3** Je savais **4** Je saurai

Servir To serve 1 Je sers / tu sers / il sert / nous servons / vous servez / ils servent **2** j'ai servi **3** Je servais **4** Je servirai

Sentir To smell / To feel 1 Je sens / tu sens / il sent / nous sentons / vous sentez / ils sentent **2** J'ai senti **3** Je sentais **4** Je sentirai

Sortir To go out 1 Je sors / tu sors / il sort / nous sortons / vous sortez / ils sortent **2** Je suis sorti(e) **3** Je sortais **4** Je sortirai

Venir To come 1 Je viens / tu viens / il vient / nous venons / vous venez / ils viennent **2** Je suis venu(e) **3** Je venais **4** Je viendrai

Voir To see 1 Je vois / tu vois / il voit / nous voyons / vous voyez / ils voient **2** J'ai vu **3** Je voyais **4** Je verrai

Vouloir To want 1 Je veux / tu veux / il veut / nous voulons / vous voulez / ils veulent **2** J'ai voulu **3** Je voulais **4** Je voudrai

Lexique

A

à – *at / to*
une abeille – *a bee*
d'abord – *first of all*
aboyer – *to bark*
d'accord – *agreed*
acheter – *to buy*
une addition – *a bill*
un agneau – *a lamb*
agréable – *pleasant*
de l'aide – *some help*
aider – *to help*
de l'ail – *garlic*
aimer – *to like / to love*
j'aimerais – *I would like to*
alimentaire – *food*
l'Allemagne – *Germany*
l'allemand – *German language*
un-e Allemand-e – *a German*
aller – *to go*
un aller simple – *a single ticket*
un aller-retour – *a return ticket*
une allumette – *a matchstick*
alors – *then*
un-e Américain-e – *an American*
un-e petit-e ami-e – *a boyfriend / girlfriend*
une ampoule – *a lightbulb*
(s')amuser – *to enjoy oneself*
une année – *a year*
annoncer – *to announce*
un appareil – *a machine / an apparatus*
apporter – *to bring*
apprendre – *to learn*
après – *after*
un après-midi – *an afternoon*
un aqueduc – *an aquaduct*
de l'argent – *money*
un arrêt d'autobus – *a bus stop*
(s')arrêter – *to stop*
une arrivée – *an arrival*
arroser – *to water / to celebrate*
un ascenseur – *an elevator*
assez – *enough*

assister à – *to attend / to witness*
attendre – *to wait for*
atterrir – *to land*
attraper – *to catch*
une auberge de jeunesse – *a youth hostel*
augmenter – *to increase*
un autocar – *a coach / a bus*
une autoroute à péage – *a toll motorway*
autre – *other*
avancé-e – *advanced*
avant – *before*
avenir – *the future*
un avion – *an aeroplane*
ayant – *having*

B

le Baccalauréat – *Leaving Cert*
une bague – *a ring*
se baigner – *to bathe*
prendre un bain – *to take a bath*
un baiser – *a kiss*
se balader – *to take a walk*
un balai – *a sweeping brush*
une balançoire – *a swing*
balayer – *to sweep*
une balle – *a ball / a bullet*
un ballon – *a football / a balloon*
une barbe – *a beard*
une bataille – *a battle*
un bateau – *a boat*
un bâtiment – *a building*
bâtir – *to build*
battre – *to beat*
se battre – *to fight*
beau-bel-belle – *beautiful*
un bébé – *a baby*
un-e Belge – *a Belgian*
la Belgique – *Belgium*
avoir besoin de – *to need*
un bidon – *a can (of oil)*
bientôt – *soon*
un bijou (des bijoux) – *a jewel*
un billet – *a ticket / a bank note*
blessé-e – *wounded*

une blessure – *a wound*
du bois – *some wood*
une boisson – *a drink*
une boite – *a box*
bon-bonne – *good*
bon marché – *cheap*
une bouche – *a mouth*
bouclé-e – *curly*
des boucles d'oreilles – *earrings*
une boule – *a ball / a sphere*
un boulot – *a job*
au bout de – *at the end of*
un bras – *an arm*
le Brevet – *Junior Cert*
(se) bronzer – *to tan*
en brosse – *crew-cut*
(se) brosser – *to brush*
brûler – *to burn*
un buffet – *a snack-bar*
un bulletin – *a (school) report*
un bureau – *a desk / an office*

C

un cabinet – *a doctor's surgery*
un cachet – *a tablet / a pill*
un cadeau – *a present / a gift*
un cahier – *a copybook*
une caisse – *a till / a crate*
une caisse d'épargne – *savings bank*
une caissière – *a cashier*
un camion – *a lorry*
une canne à pêche – *a fishing rod*
un capot – *a (car) bonnet*
car – *because*
un carnet – *a notebook*
une carte routière – *a road map*
un casse-croûte – *a snack*
casser – *to break*
une chaîne hi-fi – *a stereo system*
un championnat – *a championship*
de la chance – *luck*
chanter – *to sing*
un chariot – *a trolley*
charmant-e – *charming*
un charpentier – *a carpenter*

aller à la chasse – *to hunt*
châtain – *dark brown*
un château-fort – *a fortress*
chaque – *each*
chauffer – *to heat up*
un chef – *a chief*
une chemise – *a shirt*
un chemisier – *a blouse*
cher-chère – *dear / expensive*
chercher – *to look for*
un cheveu – *a hair*
des cheveux – *hair*
une cheville – *an ankle*
un chignon – *a (hair) bun*
choisir – *to choose*
un choix – *a choice*
une chose – *a thing*
chouette – *great / fantastic*
la circulation – *the traffic*
une clé – *a key*
un clignotant – *a car indicator*
un coeur – *a heart*
un coiffeur - une coiffeuse –
    a hairdresser
un coin – *a corner*
un colis – *a parcel*
un collège – *a junior
    secondary school*
un collier – *a necklace*
une colonie de vacances –
    a holiday centre
combien (de) – *how many /
    how much*
comme – *as / like*
un commissariat – *a police
    station*
comprendre – *to understand*
compris – *understood /
    included*
compter – *to count*
conclure – *to conclude*
conduire – *to drive*
la conduite – *driving / the
    behaviour*
de la confiture – *some jam*
connaître – *to know
    (someone / some place)*
donner un conseil – t*o give
    advice*
une consigne – *a left-luggage
    office*
construire – *to build*
content-e – *happy*

convaincre – *to convince*
convaincu – *convinced*
un-e correspondant-e – *a pen-
    pal*
à côté de – *next to / beside*
un cou – *a neck*
(se) coucher – *to lie down*
un coude – *an elbow*
un coup de soleil – *sunburn*
couper – *to cut*
une cour – *a playground /
    yard*
courir – *to run*
le courrier – *the mail*
un cours – *a course*
une course – *a race*
court-e – *short*
coûter – *to cost*
mettre le couvert – *to set the
    table*
couvrir – *to cover*
créer – *to create*
une crêpe – *a pancake*
une crevaison – *a puncture*
crevé-e – *punctured*
crier – *to shout*
croire – *to believe*
cueillir – *to pick (fruit)*

D

de – *of / from*
débarrasser – *to clear*
(se) débarraser de – *to get rid
    of*
un débit de tabac – *a
    tobacconist's shop*
au début – *at the beginning*
décoller – *to take off (in an
    airplane)*
décrire – *to describe*
déçu-e – *disappointed*
se déguiser – *to disguise
    oneself*
demander   *to ask*
une dent – *a tooth*
un départ – *a departure*
se dépêcher – *to hurry up*
dépendre de – *to depend on*
dépenser – *to spend (money)*
un dépliant – *a leaflet*
depuis – *for / since (time)*
déranger – *to disturb*
dernier-dernière – *last*
descendre – *to go down*
désespéré-e – *desperate*
désolé-e – *sorry*

un dessin – *drawing / art*
dessiner – *to draw (a picture)*
devenir – *to become*
devoir – *must / to have to*
faire des devoirs – *to do
    homework*
un diamant – *a diamond*
difficile – *difficult*
dire – *to say*
discuter de – *to discuss*
se disputer – *to have a row*
un doigt – *a finger*
dommage! – *pity!*
donner – *to give*
dormir – *to sleep*
un dortoir – *a dormitory*
un dos – *a back*
prendre une douche – *to take
    a shower*
un drap – *a bed sheet*
un drapeau – *a flag*
droit-e – *straight*
dur-e – *hard*

E

faire un échange – *to make
    an exchange*
économiser – *to save (money)*
des économies – *savings*
écrire – *to write*
un-e élève – *a pupil*
un emplacement – *a site*
un emploi du temps – *a time-
    table*
emplir – *to fill*
empoisonné-e – *poisoned*
emprunter – *to borrow*
encore – *again / still*
pas encore – *not yet*
s'ennuyer – *to be bored*
enseigner – *to teach*
ensemble – *together*
entier-entière – *entire*
un entraînement – *a training*
(s')entraîner à – *to train*
entre – *between*
une entrée – *way in /
    entrance*
entrer (dans) – *to enter*
envoyer – *to send*
épargner – *to save (money)*
une épaule – *a shoulder*
une équipe – *a team*
un escalier – *stairs*
l'Espagne – *Spain*

Lexique

un-e Espagnol-e – *a Spaniard*
espérer – *to hope*
essayer – *to try*
de l'essence – *some petrol*
essoufflé-e – *out of breath*
un estomac – *a stomach*
un étage – *a floor / a storey*
les Etats-Unis – *the USA*
une étoile – *a star*
étranger-étrangère – *foreign*
un-e étudiant-e – *a student*
étudier – *to study*
évidemment – *obviously*
un examen – *an exam*
(s')exprimer – *to express (oneself)*
escalader – *to climb*
s'évanouir – *to faint*
éviter – *to avoid*
expliquer – *to explain*

F

fabriquer – *to manufacture*
en face de – *opposite*
facile(ment) – *easy(ily)*
un facteur – *a postman*
avoir faim – *to be hungry*
fatigant-e – *tiring*
fatigué-e – *tired*
il faut – *one must / it is necesary*
une faute – *a mistake*
favori-te – *favourite*
félicitations – *congratulations*
un feu d'artifice – *fireworks*
un feuilleton – *a TV series*
un feu rouge – *traffic lights*
une fièvre – *a fever*
une fin – *an end*
un flic – *a cop*
une fois – *one time*
au fond de – *at the bottom / at the back of*
un formulaire – *a form*
fort-e – *strong*
fou-folle – *mad*
un frein – *a brake*
frisé-e – *curly*
fumer – *to smoke*
un fumeur – *a smoker*
furieux-furieuse – *furious*

G

gagner – *to win / to earn*

garder – *to keep*
des Gauloises – *brand of cigarettes*
un gendarme – *a policeman*
un genou (des genoux) – *a knee*
un gîte – *a holiday cottage*
gonfler – *to blow up*
une gorge – *a throat*
grandir – *to grow tall*
faire la grasse matinée – *to sleep late*
gratuit-e – *free (of charge)*
grave – *serious (illness)*
griller – *to grill*
gros-se – *big / large*
ne . . . guère – *not much*
un guichet – *a ticket office*

H

(s')habiller – *to dress*
un habitant – *an inhabitant*
heureusement – *happily / fortunately*
heureux-heureuse – *happy*
heurter – *to hit*
une histoire – *a story*
de l'huile – *some oil*
de (bonne / mauvaise) humeur – *in a (good / bad) mood*

I

il y a – *there is / there are / . . . ago*
l'informatique – *computer science*
(s')installer – *to settle down*
un instituteur-une institutrice – *a primary schoolteacher*
interdit-e – *forbidden*
intéressant-e – *interesting*
s'intéresser à – *to be interested in*
des intéréts – *(bank) interests*

J

ne . . . jamais – *never*
une jambe – *a leg*
un jeu (des jeux) – *a game*
la jeunesse – *youth*
joli-e – *pretty*
une journée – *a day's work*
jusqu'à – *until / as far as*

K

un kiosque – *a kiosk*

L

là-bas – *over there*
de la laine – *some wool*
laisser – *to leave / to let*
lancer – *to throw*
une langue – *a tongue*
faire du lèche-vitrines – *to go window shopping*
une leçon – *a lesson*
léger-légère – *light*
se lever – *to get up*
libre – *free*
une licence – *a bachelor's degree*
un lieu – *a place*
lisse – *smooth*
une location – *hiring*
un logement – *accommodation*
loin de – *far from*
long-ue – *long*
louer – *to rent / to hire*
lourd-e – *heavy*
une luge – *a sleigh*
des lunettes – *spectacles*
un lycée – *a senior secondary school*

M

un maçon – *a bricklayer*
une main – *a hand*
maintenant – *now*
mal – *badly*
un mal – *a pain*
malade – *ill / sick*
une maladie – *a disease*
malheureusement – *unfortunately*
malheureux-malheureuse – *unhappy*
un mandat – *a postal order*
se maquiller – *to put on make-up*
se marier – *to get married*
une marque – *a brand*
une école maternelle – *a nursery school*
une matière – *a subject*
me – *me / to me*
la mécanique – *engineering*
un médecin – *a doctor*
meilleur-e – *better*
faire le ménage – *to do the housecleaning*

un menton – *a chin*
mesurer – *to measure (height)*
la météo – *the weather
 forecast*
un métier – *a trade / a job*
mettre – *to put (on)*
du miel – *some honey*
mieux – *better*
une mobylette – *a moped*
une mode – *a fashion*
moins – *less / minus*
au moins – *at least*
une moitié – *a half*
monter – *to go up*
une montre – *a watch*
montrer – *to show*
mordre – *to bite*
mort-e – *dead*
la mort – *death*
moyen-ne – *average*
un moulinet – *a fishing reel*
mourir – *to die*
musclé-e – *muscular*

N

une naissance – *a birth*
naître – *to be born*
ne . . . ni . . . ni – *neither . . .
 nor*
neuf-neuve – *new*
négliger – *to neglect*
nettoyer – *to clean up*
un nez – *a nose*
Noël – *Christmas*
noter – *to notice / to write
 down*
un nounours – *a teddy bear*
de la nourriture – *some food*
nous – *we / us / to us*
nouveau-nouvel-le – *new*
une nuit – *a night*

O

occupé-e – *busy / occupied*
s'occuper de – *to take care of*
une odeur – *a smell*
un oeil – *an eye*
offrir – *to offer*
un oignon – *an onion*
opérer – *to operate*
de l'or – *some gold*
une ordonnance –
 a prescription
une oreille – *an ear*

une orthographe – *correct
 spelling*
ou – *or*
où – *where*
oublier – *to forget*
un outil – *a tool*
ouvrir – *to open*

P

un panier – *a basket*
tomber en panne – *to break
 down*
Pâques – *Easter*
un pare-brise – *a windscreen*
paresseux-paresseuse – *lazy*
parfait-e – *perfect*
partager – *to share*
une partie – *a part / a party*
partir (de) – *to leave*
partout – *everywhere*
un passager-une passagère –
 a passenger
passer – *to pass / to spend
 (time)*
se passer – *to happen*
passionnant-e – *exciting*
faire du patin – *skating*
un pays – *a country*
les Pays-Bas – *the
 Netherlands*
de la peinture – *painting*
une pelouse – *a lawn*
pendant – *during*
perdre – *to lose*
permettre – *to permit*
un permis de conduire –
 a driving licence
ne . . . personne – *nobody*
peser – *to weigh*
un peu de – *a little*
avoir peur – *to be afraid*
une pharmacie – *a chemist's
 shop*
un-e pharmacien-ne –
 a chemist (professional)
un pied – *a foot*
piquer – *to sting*
une piste – *a track*
une plage – *a beach*
plat-te – *flat*
plein-e – *full*
pleurer – *to cry*
du plomb – *some lead*

plonger – *to dive*
la plupart (du temps) – *most
 (of the time)*
ne . . . plus – *no . . . more /
 no . . . longer*
plusieurs – *several*
plutôt – *rather*
un pneu – *a tyre*
une poche – *a pocket*
un poignet – *a wrist*
pointu-e – *pointy / sharp*
une poitrine – *a chest*
pollué-e – *polluted*
une porte – *a door / a gate*
porter – *to carry / to wear*
poser (une question) – *to ask*
posséder – *to own*
une poubelle – *a bin*
un poumon – *a lung*
une poupée – *a doll*
pouvoir – *can / may*
pressé-e – *in a hurry*
prêter – *to lend*
prochain-e – *next*
faire une promenade – *to take
 a walk*
(se) promener – *to walk*
promettre – *to promise*
propre – *clean*
la propreté – *cleanliness*
un-e propriétaire – *an owner*
Puis-je . . .? – *May I . . .?*

Q

un quai – *a platform*
un quartier – *a district*
Quasimodo – *the Hunchback
 of Notre Dame*
. . . que . . . – *that*
ne . . . que – *only*
quelque chose – *something*
quelquefois – *sometimes*
quelques – *a few*
quelqu'un – *somebody*
Qu'est-ce que . . .? – *What . .
 .?*
une queue de cheval – *a
 ponytail*
qui – *who*
quitter – *to leave*

R

une radio(graphie) – *an x-ray*
ralentir – *to slow down*

Lexique

ramasser – *to pick up*
une rame – *an oar*
ranger – *to tidy*
rarement – *rarely*
un rayon – *a shelf*
recevoir – *to receive*
une récompense – *a reward*
une récréation – *playtime*
redonner – *to give back*
rembourser – *to refund*
remercier – *to thank*
rencontrer – *to meet*
un rendez-vous – *an appointment*
rendre la monnaie – *to give the change*
un renseignement – *a piece of information*
rentrer – *to come back home*
un repas – *a meal*
faire du repassage – *to do ironing*
repasser – *to iron*
répondre – *to answer*
se reposer – *to take a rest*
respirer – *to breathe*
rester – *to stay*
en retard – *(too) late*
retirer – *to withdraw*
retrouver – *to find again / to meet again*
un réveil – *an alarm clock*
se réveiller – *to wake up*
revenir – *to come back*
De rien! – *Don't mention it!*
ne . . . rien – *nothing*
rigoler – *to laugh*
une roue – *a wheel*
rouler – *to roll / to drive / to run*

S

sans – *without*
la santé – *health*
sauter – *to jump*
sauver la vie – *to save a life*
savoir – *to know*

scolaire – *school*
Au secours! – *Help!*
un séjour – *a stay*
une serrure – *a lock*
seul-e – *alone*
seulement – *only*
sinon – *otherwise*
une soif – *a thirst*
soigner – *to take care of*
une soirée – *an evening*
sonner – *to ring*
une sorcière – *a witch*
une sortie – *an exit / an outing*
sortir – *to go out*
souhaiter – *to wish*
un sous-sol – *a basement*
se souvenir de – *to remember*
souvent – *often*
un souvenir – *a memory*
un sujet – *a topic*
sûr-e – *sure*
sympa – *nice*
un syndicat d'initiative – *a tourist office*

T

du tabac – *some tobacco*
un tableau – *a picture*
une tapisserie – *a tapestry*
tard – *late*
le taux d'intéret – *the rate of interest*
te – *you / to you (to a friend)*
une tempête – *a storm*
le temps – *the weather / the time*
de temps en temps – *from time to time*
tenir – *to hold*
la Terminale – *Sixth year*
une tête – *a head*
un timbre – *a stamp*
tirer – *to pull / to shoot*
tomber – *to fall*
toujours – *always*
une tour – *a tower*

tout-toute-tous-toutes – *all*
tout de suite – *right away*
une traversée – *a crossing*
traverser – *to cross*
une tresse – *a plait*
un trimestre – *a term*
triste – *sad*
trop (de) – *too much / too many*
trouver – *to find*

U

un – *a (masculine)*
une – *a (feminine)*
une usine – *a factory*

V

les vacances – *the holidays*
de la vapeur – *steam*
faire les vendanges – *grape picking*
vendre – *to sell*
venir – *to come*
un ventre – *a belly*
vers – *towards / about*
vide – *empty*
vieux-vieil-vieille – *old*
un vignoble – *a vineyard*
vite – *quickly*
la vitesse – *speed*
voir – *to see*
un-e voisin-e – *a neighbour*
voler – *to fly / to steal*
vouloir – *to want*
vous – *you / to you (to a stranger or a group)*
un voyage – *a journey*
voyager – *to travel*

W

un wagon – *a carriage*
un wagon-couchette – *a sleeping carriage*

Y

y – *there*

Z

un zoo – *a zoo*
zoologique – *zoological*